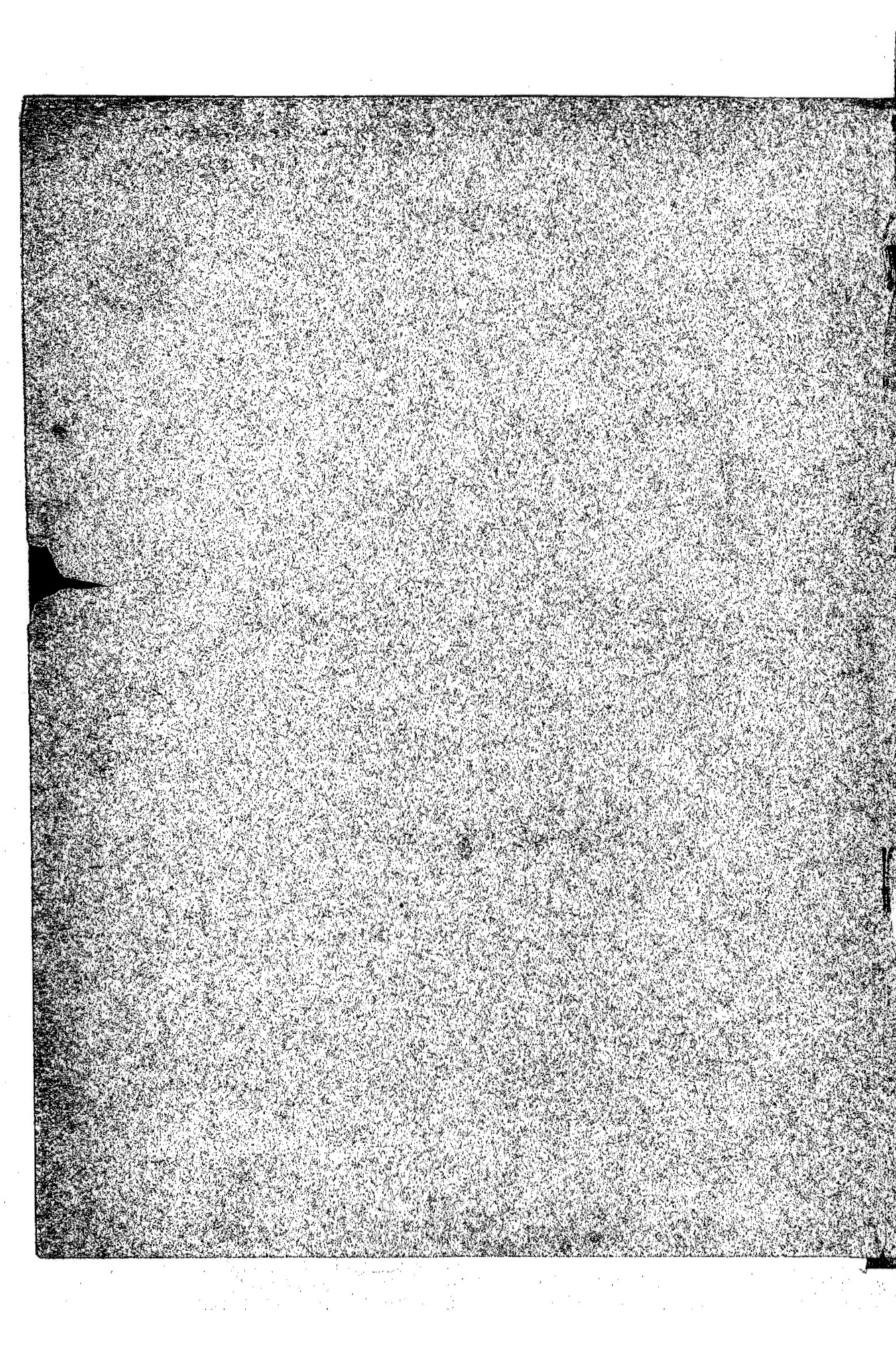

# L'Autel chrétien. — Étude archéologique et liturgique. — Premier article.

L'AUTEL est aussi ancien que le sacrifice et remonte, par conséquent, à l'origine des temps. L'Écriture sainte ne mentionne pas ceux qui furent érigés avant le déluge, mais seulement ceux qui furent élevés par Noé, Abraham, Jacob et les autres patriarches. C'étaient de simples tertres de gazon, des amas de pierres sèches, ou de rustiques monuments de pierre brute qui devaient être analogues à nos dolmens celtiques. Les Livres saints ne nous donnent de détails précis que sur l'autel des parfums, l'autel des pains de proposition et sur celui des holocaustes que Moïse fit construire dans le Tabernacle et que Salomon établit dans le Temple de Jérusalem. Ces renseignements si abondants nous montrent que l'autel hébraïque n'a exercé aucune influence sur l'autel chrétien. L'autel païen, si varié dans ses formes, n'en a pas eu davantage. Pour un sacrifice nouveau il fallait de nouvelles conceptions de détail, et les premiers Chrétiens durent nécessairement les puiser dans la Cène de Notre-Seigneur et dans la pratique des catacombes : de là les deux types persévérants de l'autel-table et de l'autel-tombeau. Faut-il faire une part, dans ces innovations, à l'éloignement que devaient inspirer aux Chrétiens ces autels des faux dieux souillés du sang des victimes ? Oui, sans doute, pourvu qu'on ne voie là qu'un motif secondaire dans une transformation qui s'explique si naturellement par la destination même de l'autel chrétien. Il ne faudrait point d'ailleurs s'exagérer, comme on le faisait autrefois, la répulsion que les Chrétiens portaient aux monuments du paganisme ; car, dans bien des cas, ils n'hésitaient pas à les sanctifier par une nouvelle attribution. Saint Pierre, revenant d'Antioche avec saint Marc, célébra la messe à Naples sur un autel d'Apollon, à l'emplacement où se trouve aujourd'hui l'église de San-Pietro *ad aram.* Saint Martial recommande aux habitants de Bordeaux de conserver l'autel dédié *ignoto Deo,* pour le consacrer à saint Étienne (¹). Au XVIIIᵉ siècle, on a trouvé à Vesoul, sur l'emplacement du prieuré de Marteroye, un autel où étaient gravés ces mots : *Non amplius Marti, sed* Christo *Deo vero* (²). On voit dans l'église d'Ispagnac (Lozère) un cipe funéraire romain qui paraît avoir été transformé en autel chrétien, à une époque très ancienne. C'est surtout comme base ou soutiens de la table d'autel qu'on a employé un certain nombre d'autels païens ou de débris de monuments romains. A Rome, des baignoires ou des urnes antiques ont été métamorphosées en autels, à Sainte-Marie *in Cosmedin,* à Saint-Nicolas *in carcere,* à Sainte-Bibiane, à Sainte-Croix de Jérusalem, etc. Un vieil auteur qui avait constaté ce fait à la cathédrale d'Apt, dans les églises de Saint-Maximin, de Cabasse, de Castellane, etc., remarque avec raison

---

1. Baronius, *Annal.* ad ann. 34.
2. *Mém. de la commission d'archéologie de la Haute-Saône,* t. I, 3ᵉ livr., p. 17.

qu'on en agit ainsi, « pour que la gloire de la gentilité fût le trophée de la croix et que toute la pompe païenne fût l'escabeau des pieds de Jésus-Christ ([1]). »

Ces emprunts restèrent toujours à l'état d'exception. Dans les temps apostoliques, l'autel ne fut, comme à la Cène, que la table ordinaire de la salle à manger. Peut-être se servit-on aussi du trépied, tel qu'il figure dans les fresques des catacombes. Dans ces cryptes funéraires, ce fut également sur une table de bois, de pierre ou de marbre, qu'on célébra les saints mystères ; mais cette table servait de couvercle au tombeau d'un martyr, tantôt enfoncé dans une niche surmontée d'une voûte en forme d'arc *(arcosolium)*, tantôt adossé contre un mur. Dans les grands oratoires, l'autel était tantôt un coffre en bois, tantôt un massif de tuf ou de maçonnerie, tantôt encore une table de bois ou une plaque de marbre, soutenue par des colonnes.

Les premiers Chrétiens, en ne faisant de l'autel et du tombeau qu'un seul monument, ont dû être inspirés par le passage de l'Apocalypse où saint Jean parle des âmes qui se trouvent sous l'autel d'or dans le Temple éternel : « Après que l'Agneau eut ouvert le cinquième sceau, je vis sous l'autel les âmes de ceux qui ont été mis à mort à cause de la parole de Dieu, et pour le témoignage qu'ils portaient, et ils criaient à haute voix: «Quand donc, quand, Seigneur, qui êtes saint et vrai, ferez-vous justice et vengerez-vous notre sang sur ceux qui habitent la terre ? » Et il fut donné à chacun d'eux une étole blanche, et il leur fut dit de se reposer encore un peu de temps, jusqu'au moment où serait complété le nombre des serviteurs de Dieu, leurs frères, qui devaient être mis à mort comme eux (VI, 9). »

Quand les Chrétiens purent construire des églises au grand jour, tantôt un tombeau extrait des catacombes servit de support à la ta-

ble sur laquelle on offrait le saint Sacrifice, tantôt on creusa une crypte pour y déposer ce tombeau et, au-dessus du caveau, on érigea un autel. Lorsque le pape Félix I, au troisième siècle, prescrivait de consacrer le corps et le sang de Jésus-Christ sur les *mémoires* des martyrs, il ne faisait que rendre obligatoire une coutume apostolique qui avait persévéré jusqu'à lui.

L'autel a toujours été indispensable pour célébrer la sainte Messe. Il n'y a jamais eu d'exceptions que dans des cas de nécessité absolue. Théodore, évêque de Cyr, invité par un solitaire à offrir le saint Sacrifice dans sa cellule, afin de lui laisser des hosties consacrées, célébra, à défaut d'autel, sur les mains de son diacre. Saint Lucien, prêtre et martyr d'Antioche, se trouvant en prison le jour de l'Épiphanie, ses compagnons de captivité lui exprimèrent le désir de participer aux saints mystères. Le Saint, leur montrant sa poitrine, leur dit : « Voici quel sera l'autel ; il ne sera pas, je l'espère, moins agréable à Dieu qu'une pierre inanimée. Quant à vous, vous m'environnerez et vous me servirez de temple.» Les Chrétiens se rangèrent autour de lui pour dérober les saints mystères aux yeux des geôliers. Le saint prêtre consacra sur sa poitrine les espèces préparées et tous purent se disposer, par le saint viatique, aux épreuves du martyre. Au VIIIe siècle, Théodore de Cantorbéry remarque, dans son *Pénitencier*, qu'un évêque peut dire la messe en pleine campagne, pourvu qu'un prêtre ou un diacre, ou même celui qui célèbre tienne le calice et l'hostie entre ses mains.

En 1865, Pie IX autorisa les prêtres catholiques, déportés en Sibérie, à célébrer la messe dans n'importe quel lieu, soit sur une table ordinaire, soit sur une pierre ou un tronc d'arbre, dans n'importe quel costume, toutes les fois qu'il leur serait impossible de se conformer aux prescriptions du Rituel.

Après ces notes préliminaires, nous allons

---

1. H. Bouche, *Chorographie ou description de Provence*, t. I, p. 222.

consacrer deux chapitres 1° aux autels proprement dits ; 2° aux autels portatifs.

## Chapitre j. — Des autels proprement dits.

NOUS nous occuperons successivement dans ce chapitre : 1° des divers genres d'autels ; 2° des noms des autels ; 3° de leur matière ; 4° de leur forme et de leurs inscriptions ; 5° de leurs reliques ; 6° de leur emplacement et de leur orientation ; 7° de leur nombre ; 8° de leur consécration ; 9° de leur sainteté et de leurs privilèges ; 10° de leurs ornements ; 11° de leurs accessoires ; 12° des linges d'autel ; 13° de l'attribution iconographique de l'autel ; 14° enfin, nous terminerons cette étude par des notes historiques et descriptives sur un certain nombre d'autels conservés ou disparus.

### Article j. — Des divers genres d'autel.

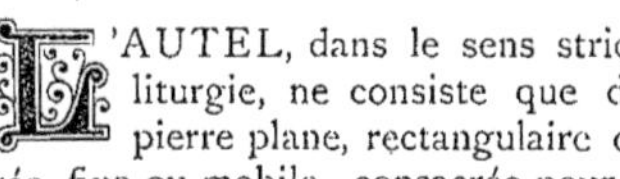'AUTEL, dans le sens strict de la liturgie, ne consiste que dans la pierre plane, rectangulaire ou carrée, fixe ou mobile, consacrée pour l'oblation du saint Sacrifice. Mais, dans l'acception usuelle, employée même par les rubriques, on donne le nom d'autel à la table qui supporte ou entoure cette pierre, ainsi qu'au support même de cette table.

*L'autel fixe* est celui dont la table de pierre, égalant ordinairement la superficie de la base qui la supporte, est inséparablement unie par l'onction à cette base, qui ne fait plus avec elle qu'un seul tout, sanctifié par une même consécration. L'autel est toujours fixe lorsque l'église a été consacrée, ce qui devient rare aujourd'hui. Le plus souvent on se contente d'encastrer dans la table de l'édicule une *pierre d'autel* consacrée, qu'on appelle encore *autel portatif*, mais qui diffère notablement des *autels portatifs* de l'antiquité, auxquels nous consacrerons un chapitre spécial. Ces derniers

étaient de petites pierres consacrées, encadrées dans une bordure de bois ou de métal, et dont on se servait principalement en voyage. L'autel qui occupe la place d'honneur dans le chœur ou dans le sanctuaire est appelé *maître-autel, autel majeur,* pour le distinguer des autels secondaires. Au XIᵉ siècle, Stepelin donne au maître-autel le nom *d'altare capitaneum.* Le concile de Reims (1583) veut que dans les églises cathédrales et collégiales où il y a plus de quinze chanoines, l'autel majeur soit réservé exclusivement aux chanoines et à ceux qui sont constitués en dignité.

En Grèce, il n'y a qu'un seul autel pour le saint Sacrifice, mais il est accompagné de deux autels-crédences. Sur celui qui est à droite, qu'on appelle διαχονιχόν, on place l'encensoir, le feu, les charbons, les livres liturgiques, les vêtements sacerdotaux, les chandeliers, l'eau bénite, etc. C'est sur le petit autel, placé à gauche, et nommé προθεσις que se fait l'oblation du pain et du vin, avant que le prêtre les consacre au grand autel. Outre le pain et le vin, on y met le calice, le voile, la lance, l'astérisque et tout ce qui est nécessaire pour ce qu'on appelle *l'oblation préparatoire.*

Dans les églises qui possédaient de nombreuses reliques, on érigea, dès le XIIᵉ siècle, soit dans une chapelle spéciale, soit derrière ou au côté du maître-autel, un *autel des reliques,* sur lequel étaient étalées les châsses. Ces reliquaires se trouvaient souvent placés sur un retable, supporté par des colonnettes, et au-dessous duquel les fidèles et les pèlerins aimaient à passer, afin de recevoir ainsi une sorte de bénédiction. Ces espèces d'autels, devenus rares en France, se rencontrent plus fréquemment en Espagne et en Italie.

On ne saurait citer qu'un fort petit nombre d'autels érigés au milieu des champs sur lesquels on ne célèbre point le saint sacrifice et qui servent seulement de station pour les processions des Rogations ou du

Saint-Sacrement. Tel est l'autel situé près de Saint-Pierre-de-Ruons(Ardèche), du haut duquel on donne la bénédiction aux récoltes naissantes.

Parmi les diverses sortes d'autels, il faut encore distinguer : *l'autel papal,* maître-autel des basiliques patriarcales, où le Pape seul peut célébrer, à moins que, par une bulle spéciale, il n'autorise un cardinal à y dire la messe ; *l'autel matutinal,* placé dans les églises monastiques, entre les deux escaliers latéraux qui conduisaient du chœur au sanctuaire ; *l'autel de retro,* situé derrière le maître-autel; *l'autel des morts,* où se disent les messes d'enterrement ; *l'autel du Saint-Sacrement,* où se trouve la réserve eucharistique ; *l'autel privilégié,* auquel le Souverain Pontife attache une indulgence plénière, applicable au défunt pour lequel on y célèbre la messe ; *l'autel du* CHRIST *en croix,* nom donné jadis à celui qui s'élevait à l'extrémité orientale des nefs romanes, parce qu'on plaçait au-dessus un grand crucifix ; les *autels isolés, adossés, arqués, à la romaine,* etc., en raison de leur situation ; les *autels-tables,* les *autels-tombeaux,* les *autels à retable,* les *autels romans, ogivals, Renaissance,* etc. en raison du style qui les caractérise.

On donne en Allemagne le nom *d'autel domestique (Hausaltärchen)* à de petits retables destinés à orner les chapelles privées ou les chambres à coucher.

### Article ij. — Des noms des autels.

 OUS venons d'indiquer quelques dénominations s'appliquant à divers genres d'autel ; nous devons ici signaler les différents noms qui désignent l'autel en général. S. Paul l'appelle *altare (Hebr., XIII, 10 ).* Chez les anciens, l'autel dédié aux dieux terrestres s'appelait *ara,* tandis que l'autel plus élevé, consacré sur les hauts lieux aux divinités célestes, se nommait *altare* (de *alta ara).* Le terme *altare,* pendant les quatre premiers siècles, fut presque ex-

clusivement employé par les Chrétiens, qui laissaient à *ara* le sens d'autel païen : cependant S. Cyprien, Tertullien et S. Ambroise se sont servis de ce dernier mot dans le sens chrétien. Dès le VII^e siècle, il fut principalement réservé à ce que nous appelons vulgairement aujourd'hui *pierre d'autel,* et c'est la signification exclusive que depuis longtemps lui donnent les rubriques.

Le mot θυσιαστήριον qui dérive de θυσιοζειν, *sacrifier,* dont la racine est θυειν, *immoler,* est employé par tous les Pères grecs et implique l'idée d'un véritable sacrifice. Les Protestants se trouvent donc en désaccord avec les siècles apostoliques, quand ils rejettent le terme *d'autel* et ne voient dans l'Eucharistie qu'une simple commémoration de la Cène.

L'expression *Pimanerschouschi,* employée par les Coptes, correspond exactement au θυσιαστήριον des Grecs.

Le terme βωμός, par lequel les païens désignaient l'autel de leurs faux dieux, apparaît pour la première fois avec le sens chrétien dans une Constitution des empereurs Théodose II et Valentinien.

Le mot *table, mensa,* τράπεξα, employé par S. Paul *(I Cor., X, 21),* rappelle la table de la Cène et convenait parfaitement à l'autel où les fidèles viennent se grouper pour prendre part au banquet eucharistique; mais ce terme est toujours accompagné d'un qualificatif ([1]), et peut être considéré comme une de ces périphrases usitées dans tous les siècles : *le siège de Dieu, le tombeau de* JÉSUS-CHRIST, *le divin tabernacle, le trône de Dieu, le Saint des saints,* etc.

L'autel a été quelquefois désigné sous le nom d'*arca,* parce que c'est un coffre, une espèce d'arche qui contient des reliques ([2]). Les Abyssins emploient cette dénomination, mais par cette raison qu'ils construisent

---

1. *Cælestis mensa* (Liturgie de S. Jacques) ; *mensa sancta* (Greg. Nyss., *Orat. in bapt.* CHRISTI); *mensa sacra* (Aug., l. I *contra Pelag.,* c. XXIV) ; *mensa mystica* (Theodor., *Serm. X de Provid.)*

2. Gregor. Tur., *Hist. Franc.,* l. IX, c. XV.

leurs autels sur le modèle de l'arche d'alliance qu'ils s'imaginent conserver dans leur église d'Axum.

Les noms de *martyrium, memoria, titulus, testimonium, confessio*, etc. donnés parfois aux autels, surtout en Afrique, dénotent l'usage de placer une table d'autel sur le tombeau d'un *martyr* qui a rendu *témoignage* à Jésus-Christ, qui a *confessé* sa foi en répandant son sang. Mais ces différents termes s'appliquent plus spécialement au *loculus* des reliques.

Mentionnons encore le nom d' ἱλαστήριον *(propitiatoire)* emprunté à l'antiquité judaïque, et celui de καλαμος *(roseau)*, donné par Siméon de Thessalonique (¹) aux autels soutenus par une seule colonne.

### Article iij. — De la matière des autels.

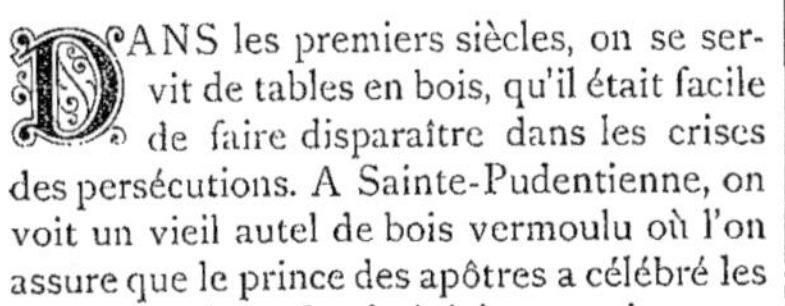

**D**ANS les premiers siècles, on se servit de tables en bois, qu'il était facile de faire disparaître dans les crises des persécutions. A Sainte-Pudentienne, on voit un vieil autel de bois vermoulu où l'on assure que le prince des apôtres a célébré les saints mystères. Le bréviaire romain, au 9 novembre, mentionne que S. Sylvestre, en dédiant l'église de Latran, y érigea un autel en bois, qu'on y conserve encore aujourd'hui.

En Afrique, les autels étaient généralement en bois. S. Optat de Milève signale ceux que brûlèrent les Donatistes et ceux qu'ils raclaient avec la prétention de les purifier (²). S. Augustin nous apprend que Maximin, évêque de Bagaï, fut massacré, sous un autel de bois, par ces farouches hérétiques. C'est un autel en bois que les Ariens brûlèrent à Alexandrie sous l'épiscopat de S. Athanase (³).

Les premières prohibitions connues des autels en bois sont celles d'un concile de Paris, en 509, et de celui d'Epaone en 517. En Orient, nous voyons Jean-Bar-Algari, patriarche des Nestoriens, à la fin du IXᵉ siècle, interdire les autels en bois (¹). Ceux en pierre prévalurent chez nous dès le VIIᵉ siècle, mais quelques exceptions persistèrent au moyen âge. Du temps de Charlemagne, une table en bois servait d'autel à l'abbaye de Saint-Denys (²). Le légat du pape Jean VIII, qui dédia en 878 l'église Notre-Dame de Compiègne, y consacra un autel en bois qui ne disparut qu'au XVIIIᵉ siècle (³).

Les autels en bois reparurent assez nombreux au XVIᵉ siècle et se sont multipliés de nos jours ; il y en a de fort modestes dans les églises rurales et de somptueux dans certaines grandes églises, comme à Sainte-Clotilde de Paris et aux Carmes de Tours. Ces sortes d'autels sont autorisés par la liturgie, pourvu que dans la table soit placé un autel portatif en pierre, en marbre ou en ardoise.

Les Maronites construisent leurs autels en bois de cèdre ; mais ils y insèrent ordinairement cinq pierres en forme de croix ; les Syriens emploient indifféremment le bois, le marbre et la pierre.

L'usage des autels de pierre prit naissance dans les catacombes, où, lorsqu'on posait une table sur un sarcophage, il était tout naturel de la choisir de la même matière. Plus tard ce choix fut appuyé sur des raisons mystiques : « L'autel est en pierre, dit Siméon de Thessalonique (⁴), parce qu'il représente Jésus-Christ qui, lui aussi, est appelé *pierre* en tant qu'il est notre fondement, le chef de l'angle et la pierre angulaire, et parce que le rocher qui autrefois désaltéra les Israélites était la figure de la table d'autel. »

On a prétendu que S. Sylvestre avait prescrit l'emploi de la pierre pour les autels ; mais le décret qu'on lui attribue est apocryphe (⁵) ; on ne comprendrait pas d'ail-

---

1. *Lib. de sacram.*
2. *De schism. Donat.*, l. VI.
3. *Epist. ad solit.*

1. Assemani, *Biblioth. orient.*, t. III, p. 238.
2. *Mirac. S. Dionys.*, l. I, c. XX.
3. Martène, *Ant. eccles. rit.*, l. I, c. III, art. 6.
4. *Bibl. magn. Patr.*, t. XXII.
5. Krazer, *De antiq. Eccles. liturg.*, p. 159.

leurs qu'une telle prescription pontificale eût été si mal observée pendant les siècles suivants. Celle du concile d'Epaone en 517 (1) fut renouvelée dans un capitulaire de Charlemagne, en 769, et par de nombreux conciles.

L'exemple de Rome qui avait transféré l'autel-tombeau des catacombes dans les basiliques constantiniennes ne fut suivi généralement qu'un peu plus tard en Orient et en Afrique. Partout, il y eut un certain nombre d'exceptions, même dans le cours du moyen âge : ainsi, S. Vulstan, évêque de Worcester, déploya beaucoup de zèle pour substituer des autels en pierre à ceux qui étaient en bois(2).

Il est bon de remarquer que les prescriptions successives dont nous venons de parler ne concernent que la table ; les supports, les accessoires, les parements pouvaient être en maçonnerie, en bois, en métal, etc., et c'est ce qui a encore lieu de nos jours (3). Ajoutons que le mot *pierre*, dans le sens liturgique, est très élastique ; il comprend aussi bien la simple craie dont est fait l'autel de Saint-Germer (Oise), que le marbre, si affectionné des Italiens, bien qu'il soit, par sa nature, assez rebelle à la décoration.

Des autels d'or ou d'argent ont été érigés dans les basiliques par les papes et les souverains. Constantin fit entièrement revêtir d'or et d'argent l'autel de Saint-Pierre de Rome ; il fit exécuter sept autres autels d'argent, chacun du poids de 260 livres pour la basilique qui devait un jour porter le nom de Saint-Jean-de-Latran. L'autel d'argent que Sixte III offrit à Sainte-Marie-Majeure pesait 300 livres ; celui donné par S. Hilaire à l'église Saint-Laurent, quarante marcs. A la fin du VIII<sup>e</sup> siècle, S. Adrien I enrichit les basiliques de Saint-Pierre et de Saint-Paul de divers autels en métaux précieux.

Le premier autel d'or dont il soit question dans l'histoire de l'Orient est celui qui fut donné par l'impératrice Pulchérie à la première église Sainte-Sophie de Constantinople ; il était soutenu par des colonnes de même métal et enrichi de gemmes et d'émaux (1). Un autre autel d'or également émaillé, fut donné par Basile le Macédonien à la nouvelle basilique qu'il fit édifier. Charlemagne fit présent à Hildebald, archevêque de Cologne, d'un autel en or ciselé. Angilbert, archevêque de Milan, et S. Étienne, roi de Hongrie, se sont distingués par de semblables générosités ; mais il est présumable que, le plus souvent, ce n'étaient que des lames d'or et d'argent appliquées sur des monuments de pierre ou de bois.

La terre pétrie, la terre cuite, le cristal de roche n'ont jamais été que des matières tout à fait exceptionnelles. La tradition rapporte que les compagnons de Marie et de Salomé, en débarquant sur la terre de Provence, élevèrent à Dieu un autel en terre pétrie. On a trouvé dans les catacombes de petits autels en terre cuite, accompagnés de deux lampes attachées à leurs côtés. Enfin, Everard, gendre de Louis le Débonnaire, mentionne dans son testament un autel décoré d'argent et de cristal.

Aujourd'hui où l'on se contente généralement d'encastrer dans la table une pierre consacrée, l'industrie française s'est imaginée de fabriquer d'affreux autels prétendus gothiques, en terre cuite, en grès artificiels, en zinc, en fonte et même en carton-pierre ! Heureusement pour notre réputation artistique que plusieurs habiles orfèvres de Paris et de Lyon ont fait revivre, dans leurs beaux autels de cuivre battu, les meilleures traditions du moyen âge.

## Article IV. — Forme et inscriptions des autels.

AU point de vue liturgique, on distingue dans l'autel : la table (*tabula*), le sépulcre des saintes reliques (*se-*

---

1. Altaria nisi lapidea non sacrentur. Can. XXIII.

2. Guillaume de Malesbury, *Vita S. Vulstani*, l. III, n. 40.

3. Remarquons toutefois que, d'après un décret de la Congrégation des rites (9 febr. 1675), on peut bien employer la brique pour base, mais que les quatre côtés doivent être en pierre.

1. Sozom. *Hist. eccles.*, l. IX, C. 1.

*pulcrum*) et la base (*stipes*). C'est surtout par la base que les autels diffèrent entre eux.

Nous trouvons dans les catacombes les deux types qui devaient être reproduits dans les basiliques constantiniennes et persévérer jusqu'à nos jours, l'autel-tombeau et l'autel-table. Dans les *cubicula*, c'est une table de marbre, scellée horizontalement dans le tuf, recouvrant une construction en briques, enduite de stuc, où se trouve le corps ou le tombeau d'un martyr. Dans les grandes salles servant d'église, c'était un monument isolé, consistant en une table quadrangulaire supportée soit par un pilier, soit par des colonnettes, soit par des dalles placées verticalement, entre lesquelles reposaient les reliques d'un martyr. Ces deux espèces d'autel, après la pacification de l'Église, furent transportées dans les basiliques ; mais il arriva souvent que le sarcophage fut placé dans une crypte plus ou moins grande et qu'on érigea, au-dessus, un autel-table soutenu par quatre petites colonnes et un pilier central. Quelquefois les premiers Chrétiens posaient la table d'autel sur une caisse contenant les restes d'un martyr ; un souvenir de cet antique usage apparaît dans un pied d'autel du XIIe siècle conservé au musée d'Aix-en-Provence: c'est un vase muni de deux anses et décoré de rubans (¹).

Les anciennes tables d'autel sont presque toujours rectangulaires. On peut citer comme exception celle du musée de Vienne (Isère), supportée par trois colonnes et qui s'arrondit en demi-cintre. Dès le Ve siècle, ces tables mesurent environ un mètre de largeur. Elles sont d'une seule pièce et adaptées à leur support ; cependant il est arrivé parfois qu'on ait taillé table, colonnes et supports dans un seul bloc de pierre : tel est un ancien autel de Sainte-Marthe de Tarascon, provenant d'une église voisine (²).

La surface supérieure des anciennes tables était creusée de quelques centimètres dans toute son étendue et encadrée dans une moulure plus ou moins large, en sorte qu'elle avait la forme d'un large plateau à rebords ; cette disposition était nécessaire pour prévenir les accidents qui auraient pu résulter de la multiplicité des offrandes et des espèces eucharistiques, à une époque où les fidèles participaient en très grand nombre au banquet sacré, sous la double espèce du pain et du vin. Les principaux ornements qui décorent la tranche de ces tables sont des agneaux, des colombes, le palmier, l'A et l'Ω, des monogrammes du CHRIST, des grappes de raisin, des feuilles de vigne et divers autres emblèmes qui se rapportent au double sacrifice de la croix et de l'autel.

Les colonnes de soutien étaient au nombre de deux, trois, quatre ou cinq ; quand il n'y avait qu'un seul pilier central, il était creusé à son sommet d'une petite cavité destinée à contenir des reliques. En Italie, on voit un certain nombre d'anciens autels chrétiens où un cippe païen a été employé comme pédicule.

Cette disposition, qui laissait un vide sous l'autel, nous explique comment S. Alexandre, patriarche de Constantinople, a pu, avant d'entrer en controverse avec les Ariens, se mettre en prière sous l'autel ; comment le consul Eutrope, pour échapper à la colère de l'empereur Arcade, alla se cacher sous l'autel de l'église Sainte-Sophie; comment Maximien, évêque de Bagaï, choisit ailleurs un même refuge pour se soustraire aux persécutions des Donatistes ; comment le Pape Vigile tenait embrassées les colonnes de l'autel, dans l'église Sainte-Euphémie, lorsqu'on vint l'en arracher par force.

M. Didron a cru qu'à l'époque romane, l'autel principal était en forme de tombeau, tandis que les autels latéraux affectaient celle de table. Des faits nombreux prouvent que cette théorie est beaucoup trop absolue. Les monuments qui nous restent des épo-

---

1. Revoil, *Archéolog. romane*, t. III, p. 20.
2. *Bullet. monum.*, t. XI, p. 104.

ques antérieures au XIIIᵉ siècle, nous prouvent qu'il y eut aussi alors de grands autels-tables et de petits autels-tombeaux. En général, ces derniers étaient fort simples et ce n'est guère qu'au XIᵉ siècle, et surtout au suivant qu'ils se décorent d'arcatures, quelquefois disposées en deux étages, lesquelles encadrent les figures du CHRIST bénissant, de la Vierge, des apôtres et de divers saints.

Sous la période romano-byzantine, quelques autels s'ornent de mosaïques, se couvrent de peintures à fresque ou à l'encaustique. A la fin du XIIᵉ siècle, la coloration s'obtient par l'emploi de diverses espèces de marbre ou bien par l'application de verres de couleurs.

Comme tout le reste du mobilier ecclésiastique, l'autel dut subir les variations architecturales de chaque époque, surtout dans la forme et la décoration des arcades. Le XIIIᵉ siècle vit persévérer les deux formes de table et de tombeau ; mais le premier type, dans les grandes églises, restait le plus en faveur. Dans les églises secondaires, c'étaient de simples massifs en maçonnerie, sans aucune ornementation, qui n'empruntaient de richesse qu'aux parements d'étoffe dont on les décorait aux jours de fête.

Le synode de Trèves disait en 1227 que « les autels ne doivent pas être si petits qu'on ne puisse y consacrer qu'avec peine. » Aussi devinrent-ils bientôt plus longs et moins carrés que sous la période romane.

Du XIIIᵉ au XVIᵉ siècle, nous voyons des tables en pierre portées sur des colonnes et des arcades détachées, sur des massifs décorés d'arcatures, et plus rarement des tables supportées par un massif triangulaire et sur deux colonnes isolées, ou bien encore soutenues aux deux extrémités par des jambages faisant l'office de chantier ; en ce dernier cas, l'espace laissé vide était rempli par des châsses.

A partir de la Renaissance, l'autel prenant des dimensions considérables et se décorant d'un vaste retable, affecte la forme d'un coffre plus ou moins allongé, en pierre, en marbre ou en bois. Quelquefois on place dans le massif un corps saint renfermé dans une caisse de plomb, ou bien on y dispose une châsse, visible à travers un cristal. Les fantaisies mythologiques osent, çà et là, envahir le sanctuaire, et il est tel autel où se coudoient scandaleusement les amours et les anges, les nymphes et les saintes [1].

Les autres autels du XVIIIᵉ siècle affectent souvent la forme du sarcophage romain ; mais ce qui les caractérise principalement, c'est leur style prétentieux et contourné, et le faste de leurs retables dont nous devons parler dans un article spécial.

En Italie, une croix se trouve toujours sculptée sur la partie antérieure de l'autel : c'est là une obligation liturgique qui a été formulée par Benoît XIII.

De nos jours, on a considérablement varié la forme des autels ; s'il en est de véritablement remarquables au point de vue artistique, beaucoup d'autres blessent les lois du goût et même de la liturgie ; tels sont, par exemple, ces petits autels vides, portés sur des colonnettes, que M. Viollet-le-Duc a multipliés dans les chapelles de nos cathédrales ; ce sont des espèces de crédences sans destination, car, d'après les décrets de la Congrégation des Rites, l'autel doit être plein, à moins que la table n'abrite une châsse.

En Orient, les autels ont gardé la forme d'une table assez étroite : c'est une tranche de marbre soutenue par quatre colonnes et le plus souvent par un seul cippe central, ce qui n'empêche pas les colonnettes du *ciborium* de s'appuyer sur les angles de l'autel.

En Angleterre, par une ordonnance royale, datée de 1550, renouvelée par la reine

---

1. Voir le dessin du grand autel de l'abbaye de Barbeau, dans Millin, *Antiquités nation.*, t. II, pl. 1, n. 13.

Élisabeth, les tables furent substituées aux anciens autels, pour être mieux en harmonie avec l'idée d'un simple repas commémoratif. Les Puseystes, dans la forme et la décoration de leurs autels, tendent de plus en plus à se rapprocher des usages de l'Église romaine.

Après avoir parlé de la forme de l'autel proprement dit, nous allons ajouter quelques détails sur ses degrés, ses gradins et ses inscriptions.

Depuis le XVe siècle, divers rituels prescrivent un nombre impair pour les marches, ordinairement trois, jamais plus de cinq. D'après les liturgistes du moyen âge, le nombre trois exprime les vertus théologales qui doivent animer le cœur du célébrant et de tous ceux qui assistent au saint Sacrifice, ou bien encore la chasteté, l'élévation de l'âme et la pureté d'intention.

Il y a eu de tout temps d'assez nombreuses exceptions à cette disposition trinaire qui ne remonte pas à une haute antiquité. Les autels des catacombes de Rome et de Naples reposent *in plano*. Ceux des IVe et Ve siècles ne sont exhaussés que d'une marche, régnant tout autour de la table isolée : il en était ainsi à Sainte-Sophie de Constantinople. Cet antique usage a persévéré dans la plupart des églises de Chartreux et de Cisterciens.

*L'Ordre romain* ne mentionne que deux degrés, l'*inférieur* et le *supérieur*. Il y en avait quatre dans une église dédiée à S. Cyprien, dont parle S. Grégoire de Tours([1]). S. Charles Borromée en exige cinq pour les grandes églises. On monte par sept marches à l'autel-majeur de Saint-Pierre du Vatican. Il y en a de beaucoup plus nombreuses dans d'autres églises ; mais cette multiplicité ne saurait être approuvée que lorsque l'autel est érigé au-dessus d'une crypte. En 1701, Bocquillot s'insurgeait, non pas seulement contre ces sortes d'escaliers, mais même contre les trois ou quatre marches, qu'on avait souvent l'embarras de monter avec une aube longue, et qui, selon lui, étaient en opposition avec la *tradition gallicane* ([1]). Nous ne croyons pas qu'il y ait jamais eu, en France, de tradition générale à cet égard ; car s'il n'y avait, très anciennement, qu'un seul degré aux autels de Lyon, de Vienne, à ceux des Chartreux et des Cisterciens, il y en avait deux à la Sainte-Chapelle de Paris, à la basilique de Saint-Denys, aux cathédrales d'Arras et de Paris, et trois à la cathédrale d'Amiens, ainsi que chez les ordres mendiants.

En Grèce, les autels sont élevés sur un marchepied, sans autres degrés ; ceux des Arméniens ont cinq ou six marches.

Autrefois, aux grandes solennités, on exposait aux yeux du peuple, sur des espèces de dressoirs nommés *pergulæ*, tout ce que le trésor contenait de plus précieux. Ce fut l'origine des gradins qui devaient plus tard recevoir une décoration permanente. Un gradin unique apparaît au XIIIe siècle, et il n'y en a encore qu'un seul aujourd'hui au maître-autel des basiliques majeures de Rome. Il n'y en a même pas du tout à certains autels où le prêtre dit la messe, tourné vers le peuple.

L'adjonction de deux ou trois gradins date du XVe siècle. On en voit encore davantage dans certaines églises, où les nombreux chandeliers dont ils sont chargés donnent trop souvent à l'autel l'aspect d'un étalage de marchand de bronzes. Ces gradins sont souvent exhaussés d'une manière si extravagante qu'ils deviennent la partie principale de l'autel.

Ce n'est que depuis un petit nombre d'années que les Grecs-unis ont adopté l'innovation des gradins, ornés de vases, de fleurs, de tableaux et de cierges. L'usage de trois gradins paraît au contraire assez ancien chez les Arméniens.

On nommait *altaria inscripta* ou *litterata* ceux dont la tranche ou le cippe étaient dé-

---

1. L. 1 *De Glor. mart.*, c. XCXIV.

1. *Traité historique de la liturgie*, p. 109.

corés d'une inscription. Ces inscriptions, écrites parfois sur une pierre incrustée dans un mur voisin, sont relatives : 1° à la sainte Eucharistie ; 2° à la consécration de l'autel ; 3° aux reliques qu'il contient ; 4° au donateur de l'autel. Nous allons en offrir quelques exemples.

1° *Inscriptions relatives à l'Eucharistie.*

Roger, évêque d'Oléron, fit construire un autel où on lisait les inscriptions suivantes :

RES SUPER IMPOSITAS COMMUTAT SPIRITUS
[ALMUS.
FIT DE PANE CARO ; SANGUIS, SUBSTANTIA
[VINI.
SUMPTA VALENT ANIMÆ PRO CORPORIS ATQUE
[SALUTE.

—

DANTUR IN HAC MENSA SANGUIS, CARO, POTUS
[ET ESCA.
VERBA REFERT CŒNÆ SUPER HÆC OBLATA
[SACERDOS,
MUNERA SANCTIFICAT, ET PASSIO COMMEMO-
[RATUR.

—

HANC MORIANENSIS RAINALDUS CONDIDIT
[ARAM.
PRÆSUL ROGERIUS OLORENSIS JUSSIT UT
[ESSEM (¹).

2° *Inscriptions relatives à la consécration.*

Mgr Barbier de Montault a publié dans la *Revue de l'art chrétien* (²) un grand nombre d'inscriptions de dédicace ; nous lui empruntons la suivante qui se trouve dans l'église du Rosaire à Monte-Mario de Rome :

ECCLESIAM HANC EIVSQVE ALTARE MAIVS
DIE V MAIJ MDCCXXVI
MINORESQVE HAS ARAS SEX
DIEBVS SCILICET
XII ET XIII IVNIJ ATQVE II IVLIJ
EIVSDEM ANNI
SOLEMNI RITV DEDICANS, SACRAVIT
BENEDICTVS PAPA XIII
ORD. PRÆDIC.

QVI
SINGVLIS CHRISTI FIDELIBVS
ECCLESIAM ET ALTARIA IPSA
ANNIVERS. DIE DEDICATIONVM HVJVSMODI
DEVOTE VISITANTIBVS
DECEM ANNORVM INDVLGENTIAS
PERPETVO CONCESSIT.

Le plus ordinairement, la mention des autels dédiés se trouve dans l'inscription de la dédicace de l'église, parce qu'ils ont été consacrés en même temps que l'édifice. On y trouve le nom du consécrateur, le vocable de l'autel et quelquefois le nom des reliques contenues dans le sépulcre.

3° *Inscriptions relatives aux reliques de l'autel.* On lit sur celui de Saint-Marc, à Rome :

IN HOC ALTARI
QVESCIT CORPVS SANCTI MARCI
PAPÆ ET CONFESSORIS.

M. Hubner cite une dizaine d'inscriptions, espagnoles, datant du Vᵉ au VIIᵉ siècle, énumérant les reliques contenues dans des autels (¹).

Voici celle de Morera (Estramadoure) :

SUNT IN HOC ALTARIO SANCTI STEPHANI RELIQUIÆ NUM(*ero*) XV, STEPHANI, LU-CRETIÆ, SATURNINI, SEBASTIANI, FRUCTUOSI, AUGURII, BANDELII, PAULI CONF., NAZARII, EULOGII, TIRSI, VERISSIMÆ, MAXIMÆ et JULIÆ.

4° *Inscriptions relatives aux donateurs.*

Spes, évêque de Spolète, à la fin du IVᵉ siècle, inscrivit ces mots sur l'autel qu'il érigea sur le tombeau de S. Vital :

SPES EPISCOPUS DEI SERVUS SANCTO VI-TALI MARTYRI A SE PRIMUM INVENTO ALTARIS HONOREM FECIT.

Sur un antique autel (VIᵉ siècle) de la basilique Saint-Clément, à Rome, on lit ces mots :

ALTARE TIBI DEUS SALVO HORSMIDA PAPA MERCURIUS PRESBYTER CUM SOCIIS OF (*fert*).

1. Pierre de Marca, *Histoire de Béarn.*
2. Années 1879, 1880, 1881.

1. *Inscript. Hispaniæ*, Nᵒˢ 85, 88, 90, 100, 111, 126, 140, 165, 175, 263.

Dans l'église de Roissy-en-Brie, les lignes suivantes inscrites sur le mur de la nef, indiquent le donateur d'un autel qui n'existe plus aujourd'hui :

ANNE ROBINOT DE SŌ VIVĀT A DOÑÉ PAR TESTAMĒT A LEGLISE DE ROISSY EN BRIE 300 LIVRES PO' FAIRE LES 2 HAVTELS CY PÑT A LA CHARGE DE DIRE TOUS LES ANS LE 7ᵉ IVIN VNE MESSE HAULTE A SON INTENTION.

Dans le cours du moyen âge, le prêtre étranger qui avait célébré sur un autel, à l'occasion d'un vœu ou d'un pèlerinage, y gravait parfois son nom à la pointe sur le filet d'encadrement. Il en était de même des pèlerins laïques et aussi des criminels qui avaient trouvé là droit d'asile. On a signalé de ces graphites ou inscriptions cursives à l'autel de Verneuil, conservé au musée de Poitiers, à ceux de Saint-Félix d'Amont, d'Auriol (Bouches-du-Rhône), de Jonquières (Gard), etc. On compte jusqu'à 93 noms incisés sur l'autel de la Minerve (Aude) [1].

### Article V. — Reliques des autels.

 N l'an 274, le pape Félix I rendit obligatoire l'usage déjà ancien de célébrer les saints mystères sur les restes d'un martyr [2]. Son corps était placé soit dans une crypte ou confession creusée au-dessous de l'autel, soit dans les bases creuses de cet édicule, soit même sur l'autel. Plus tard, les corps des confesseurs reçurent les mêmes honneurs [3]; il en fut ainsi de S. Ambroise, à Milan, de sainte Marie de Béthanie, à l'abbaye de Vézelay, de saint Firmin le Confesseur, à Amiens. On n'admettait point qu'une église pût être érigée sans la présence sanctifiante de reliques. Saint Ambroise, dans sa lettre XXIIᵐᵉ à sa sœur

---

1. Ed. Le Blant, *Mémoire sur l'autel de l'église de la Minerve.*

2. Hic constituit supra sepulcra martyrum missa celebrari, dit Anastase le Bibliothécaire.

3. On croit que S. Martin de Tours est le premier saint non martyr dont la tombe ait été transformée en autel.

Marceline, dit que le peuple ne put souffrir qu'il ait dédié une église (c'est celle qu'on appela depuis *basilique ambroisienne*) sans qu'on y eût mis les restes d'un martyr ; aussi s'empressa-t-il de faire transporter sous l'autel les corps de S. Gervais et de S. Protais, qu'on venait de découvrir dans la basilique de St-Félix et de St-Nabor.

Au moyen âge et jusqu'à nos jours, on a continué, quand on l'a pu, de placer un corps saint sous les autels, un cristal permettant de le voir et de le vénérer. Au XVIᵉ siècle, cet usage devint moins fréquent en France, parce qu'on craignait d'exposer ces précieux restes aux profanations des Huguenots.

Quand les autels se multiplièrent, il ne fut plus possible de placer sous chacun d'eux le corps entier d'un martyr ou d'un confesseur. On dut alors se contenter de quelques fragments plus ou moins considérables, qui n'en étaient pas moins un monument de l'alliance de l'Église triomphante et de l'Église militante. Ces reliques étaient placées dans de petites boîtes qu'on incrustait soit dans le massif, soit dans la table, dans une petite cavité nommée *sépulcre*, pour montrer qu'elles remplaçaient le corps saint. Ces sépulcres ne semblent guère apparaître qu'au VIIᵉ siècle. Dans les tables supportées par un pied droit, la cavité était creusée dans le chapiteau, à moins qu'une ou plusieurs niches ne fussent ménagées dans les flancs du cippe.

Au presbytère de Joncels (Hérault), un cippe, provenant d'un antique autel, est creusé de deux niches carrées, profondes de 12 centimètres ; autour de la plus haute, on lit cette inscription : *Hic svnt reliquiæ sanctorvm.*

On comprend que toutes les églises rurales ne pouvaient point se procurer de reliques. A leur défaut, on se contentait de *brandea*, c'est-à-dire de linges qui avaient touché le tombeau d'un martyr. Cet usage était autorisé par les Souverains Pontifes. Une impératrice d'Orient ayant demandé à

S. Grégoire-le-Grand des reliques de S. Pierre et de S. Paul pour les mettre dans une église qu'elle voulait dédier à ces deux apôtres, le Pape répondit : « La coutume des Romains, quand ils donnent des reliques, n'est pas d'en extraire du corps même des saints, mais seulement de mettre un linge (*brandeum*) sur leur tombeau ; on retire ces étoffes, et on les envoie pour être gardées avec respect dans les églises qu'on veut consacrer ; elles y opèrent des miracles, non moins que les corps mêmes des saints. » Du VIIIe au XIVe siècle, dans quelques églises d'Occident, on a cru pouvoir substituer aux reliques qui faisaient défaut, trois parcelles d'une hostie consacrée, ou un morceau de corporal sur lequel on avait célébré (1). On a voulu justifier cet usage, en prétendant qu'un pape du nom de Léon, manquant de reliques pour la consécration d'un autel, aurait donné, afin d'y suppléer, un corporal renfermant la sainte Eucharistie (2). Cette prétendue disette de reliques, à Rome, n'est-elle point tout à fait invraisemblable ? On a cité également une bulle de Benoît VIII prescrivant d'une manière générale d'ajouter le Saint-Sacrement aux reliques de l'autel, mais il a été démontré que ce document est apocryphe (3). Dans un *Sacramentaire* de S. Grégoire, écrit avant l'an 986, on voit que le consécrateur déposait dans l'autel trois portions d'hostie consacrée, accompagnées d'encens (4). Le pape Urbain II suivit ce rite en faisant la dédicace de l'église abbatiale de Marmoutiers (5).

On peut signaler complète absence de reliques dans un certain nombre d'autels. S. Grégoire-le-Grand parle d'une église ou il y avait treize autels dont quatre n'avaient pas été consacrés faute de reliques.

1. G. Durand, *Ration. divin. Officior.*, l. I, c. VI, n. 23.
2. Pasqualigo, *De sacrif. nov. legis*, t. 1.
3. Gezzo, abbas Dolhenensis, *ap.* Muratori, t. III *Anecd.*
4. Natalis de Vailly. *Traité de Diplomatique*, t. II, p. 254.
5. D. Martène, *De antiq. eccl. ritib..*, 1, 440.

A Rome, l'autel de Saint-Jean-de-Latran en est dépourvu, parce que la table où célébra S. Pierre en tient lieu.

Quand l'autel était placé au-dessus d'une crypte, renfermant un corps saint, comme à Saint-Mathias de Trèves, à Saint-Savin, etc. on se dispensait de mettre aucune relique dans l'autel lui-même.

Enfin, dans beaucoup d'églises, on trouve de petits autels, non consacrés, sans reliques, sur lesquels on ne dit jamais la messe et qu'on pourrait appeler *votifs*, puisqu'ils ne servent qu'à honorer les saints auxquels ils sont dédiés.

Outre les niches à reliques, on a parfois abusivement pratiqué sous l'autel une armoire pour y mettre soit des vases sacrés, soit des habits sacerdotaux.

En Grèce, dans les églises de couvent, on déposait sous l'autel, pour les sanctifier, les habits monastiques dont devaient se revêtir les novices, le jour de leur profession.

Les autels des Arméniens sont souvent dépourvus de reliques.

**Article vj.** — Emplacement et orientation des autels.

NOUS avons dit que les premiers autels furent érigés sur le tombeau même des martyrs ; il faut ajouter que Bosio et Boldetti en ont signalé un certain nombre placés à côté des tombes, au milieu du *cubiculum*. Dans certains cas, il aurait été incommode de célébrer les saints mystères sur un tombeau enfoncé dans un *arcosolium;* alors on tirait la table de l'autel, comme un tiroir, à l'aide de gros anneaux de bronze qui y étaient attachés, et le corps saint restait à découvert (1).

Saint Maxime de Turin fait ressortir les admirables harmonies de cette alliance de la liturgie et de la mort: « Qu'y a-t-il de plus honorable, s'écrie-t-il (2), que de reposer

1. De Rossi, *Roma Sotter.* t. 1, pp. 169, 283.
2. *Serm. LXIII de Natal. Sanct.*

sous l'autel même où le Sacrifice est présenté à Dieu, où s'offre la victime pour laquelle le Seigneur est le prêtre, selon ce qui est écrit : Tu es prêtre éternellement selon l'ordre de Melchisédech ? Il est donc juste que les martyrs soient placés sous l'autel parce que le CHRIST est deposé dessus. Il est juste que les âmes des saints reposent sous l'autel, parce que, sur ce même autel, le corps du Seigneur est offert. C'est par convenance, c'est par une sorte d'association intime que la sépulture des martyrs a été établie là où chaque jour la mort du Seigneur est célébrée, suivant ce qu'il a dit lui-même : *Chaque fois que vous ferez ceci, vous annoncerez ma mort jusqu'à ce que je vienne*, afin que ceux qui sont morts pour lui, reposent dans le mystère du sacrement. C'est, je le répète, par l'effet d'une intime communauté que la tombe de ceux qui ont souffert la mort est située là où sont placés les membres de la mort sanglante du Sauveur. »

A Rome, on continua jusqu'au VII<sup>e</sup> siècle à célébrer les saints mystères dans les cimetières ou dans les basiliques cimetériales. Ce n'est guère qu'à cette époque que l'on transféra des corps de martyrs dans les basiliques urbaines et qu'on y érigea des autels. Ils furent toujours placés entre l'abside, où se trouvait le trône de l'évêque ainsi que les sièges presbytéraux, et le chœur où se tenaient les sous-diacres, les chantres et les autres clercs, c'est-à-dire au point central de l'intersection de la nef et du transept.

Le docteur Cattois a fait naguère une croisade archéologique pour faire restituer à nos autels leur place antique, en les mettant au centre du transept où la tour centrale ou bien le dôme leur servirait de couronnement naturel. Il en est à peu près ainsi à la cathédrale de Reims, à Saint-Maurice d'Angers, à Crepon (Calvados), et dans de nombreuses églises monastiques où le chœur se trouve occupé par les stalles des religieux.

Quand le siège de l'évêque fut transféré de l'abside dans l'intérieur du chœur, l'autel fut placé soit au fond de cette abside, soit vers le milieu du chœur, très rarement vers le bas, si ce n'est en Italie. Depuis un certain nombre d'années on remarque quelque tendance à rapprocher l'autel des fidèles.

Jusqu'au XVI<sup>e</sup> siècle, les autels-majeurs, même ceux qui étaient placés au fond de l'abside, restaient isolés; c'est alors que l'on commença à les appliquer contre les murs. Ce fut là une regrettable innovation, car la liturgie prescrit, pour la consécration et pour l'office divin, un certain nombre de cérémonies qui exigent l'isolement complet de l'autel. Sur ce point, comme sur bien d'autres, l'antique tradition a persévéré dans tout l'Orient.

Depuis le XIV<sup>e</sup> siècle, l'autel de la sainte Vierge, dans les grandes églises, est communément placé dans la chapelle absidale ou, à défaut de cette chapelle, au fond du collatéral qui correspond au côté de l'évangile.

A partir du XV<sup>e</sup> siècle, on mit des autels secondaires dans toutes les parties de l'église, non seulement dans les absides latérales, au fond des transepts et dans les chapelles, mais le long des murs, sous les orgues, aux clôtures de chœur, des deux côtés de l'arcade qui communique de la nef au chœur, et même contre des piliers.

Il est interdit d'ériger un autel sur une sépulture parce que, dans la primitive Église, c'était là comme une déclaration de sainteté. Cette prescription n'était pas toujours observée autrefois ; des évêques et des prêtres se faisaient enterrer sous l'autel ou tout à côté. « Il est juste, dit S. Ambroise, que le prêtre soit inhumé là où il a consacré, mais je cède volontiers la partie droite aux reliques des martyrs, place d'honneur qui leur est bien due. » Synesius s'écrie (¹) : « J'embrasserai ces

1. *Catalas.*

colonnes sacrées qui soutiennent la table pure et sans tache : c'est là que je siègerai vivant et que je reposerai après ma mort. »

La Congrégation des Évêques et Réguliers a décidé que les autels sous lesquels des cadavres auraient été ensevelis ne perdaient point leur consécration, mais qu'ils devaient être interdits jusqu'à ce que le cadavre ait été enlevé ou que l'autel ait été changé de place. Cette même Congrégation a défendu d'élever sur une sépulture, même un autel temporaire destiné à recevoir le Saint-Sacrement (¹). La cathédrale de Séville ne se conforme point à l'esprit de ce décret, en érigeant le *Monumento*, c'est-à-dire le reposoir du Vendredi-Saint, sur la pierre tombale de Fernand Colomb. C'est par un même sentiment de respect pour l'autel que, lorsqu'il y a des bâtiments au-dessus, ils ne doivent pas être affectés à la destination de chambre à coucher (²).

Ce n'est point seulement dans les églises et les chapelles qu'on a érigé des autels, mais encore dans les sacristies, les trésors, les cloîtres, les préaux, les baptistères, les cimetières, les salles d'hôpitaux, les palais, les châteaux, les oratoires privés, les camps, sur les places publiques en temps de foire ou de pèlerinage, etc. Jadis on dressait des autels le long des routes, soit sur le tombeau des martyrs qui y étaient inhumés, soit en des endroits qui avaient été sanctifiés par leur présence. Plus d'une fois la piété populaire s'est laissé égarer à ce sujet : c'est ce que nous démontre le capitulaire suivant de Charlemagne : « Que les autels qui sont élevés çà et là au milieu des plaines et le long des chemins, en mémoire des martyrs, et dans lesquels il est prouvé n'exister ni leur corps, ni quelqu'une de leurs reliques, soient renversés et détruits par les évêques de ces lieux-là. Si des tumultes populaires rendaient impossible cette exécution, que les peuples soient du moins

avertis qu'il n'est pas permis de fréquenter ces lieux, afin que ceux qui ont une conscience éclairée soient à l'abri de toute excuse et s'éloignent de la superstition. Nous ordonnons qu'il soit expressément défendu d'accepter la mémoire des martyrs quand elle n'est que probable, à moins que cette mémoire ne se soit conservée par la plus fidèle tradition depuis son origine, au moyen du corps ou de quelque vestige d'habitation, de possession ou de souffrance du Saint. Et que les rêveries et les frivoles révélations que font quelques personnes, lorsqu'on élève des autels, soient tout-à-fait défendues (¹). »

Nous terminerons cet article en parlant de l'orientation des autels.

Les premières églises avaient leur abside à l'Ouest ; mais le prêtre, en célébrant, tournait le dos à l'Occident, et avait en face de lui les fidèles placés à l'Orient ; de cette sorte il n'avait pas besoin de se retourner pour bénir le peuple ni pour dire le *Dominus vobiscum*. La prière suprême se dirigeait vers l'Orient, parce que c'est de ce côté que fut planté le Paradis terrestre ; parce que JÉSUS-CHRIST, à qui s'adressent nos adorations, est la vraie lumière et que l'Écriture sainte le désigne sous le nom d'Orient; parce que JÉSUS ayant été crucifié le visage tourné vers l'Occident, nous le considérons pour ainsi dire en face ; parce qu'il est monté au ciel du côté de l'Orient ; parce que c'est de ce même point de l'horizon que le Saint-Esprit descendit sur les apôtres et que viendra le Fils de l'homme pour juger les vivants et les morts.

Ce fut vers le IXᵉ siècle que se généralisa la coutume de placer le portail principal à l'Occident et l'abside à l'Orient ; le prêtre alors célébra les saints mystères en tournant le dos aux fidèles. L'ancienne orientation a persévéré dans un certain nombre d'églises d'Italie, à Saint-Jean-de-Latran, à Saint-Pierre du Vatican, à Sainte-Marie-Majeure, à Saint-Marc, à Saint-

---

1. 15 sept. 1847.
2. Congr. episc. et regul. 6 oct. 1615.

1. Steph. Baluz., *Capitul. reg.*, p. 228.

Laurent *in Damaso*, à Sainte-Marie *in Transtevere*, à la cathédrale d'Anagni, etc. Cette disposition n'a jamais été adoptée en France que dans un fort petit nombre de grandes églises. M. Joseph Bard([1]) a en vain plaidé la cause de ces autels *à la romaine* que le XVIIIᵉ siècle désignait sous le nom de *contournés*. Plusieurs archéologues sont opposés à cette disposition, parce qu'elle détruit le symbolisme des points cardinaux, tel qu'il a été exposé par les liturgistes du moyen âge et que, par exemple, l'évêque ou le prêtre étant tourné vers les fidèles, lit l'évangile du côté du midi au lieu du nord.

Il y a toujours eu des exceptions, motivées ou non, aux règles de l'orientation. Au Saint-Sépulcre de Jérusalem, un autel était tourné vers le midi, un autre vers le nord, un troisième à l'ouest. A l'église abbatiale de Saint-Gall et à la cathédrale de Nevers, il y avait un autel à l'orient et un autre à l'occident. Depuis le XVIᵉ siècle les petits autels des chapelles latérales, au lieu d'être adossés contre le mur oriental, ont été placés en face de l'entrée, en sorte que le prêtre est tourné soit vers le nord, soit vers le midi. De nos jours on se préoccupe si peu, sous ce rapport, des anciennes lois liturgiques, qu'il y a des églises, même à Rome, dont les autels sont tournés vers chacun des quatre points cardinaux.

### Article vij. — Du nombre des autels.

**P**LUSIEURS écrivains protestants, ainsi que les archimandrites de Moscou, nous reprochent la multiplicité de nos autels, à laquelle les Jansénistes du XVIIIᵉ siècle se montrèrent également défavorables. Il y a là une question théologique qui ne rentre point dans notre cadre, mais en même temps une question historique, puisque ce reproche se fonde principalement sur l'unité d'autel qui aurait régné exclusivement jusqu'au temps du pape Adrien I, c'est-à-dire jusqu'au VIIIᵉ siècle.

Il nous paraît certain qu'il n'y a jamais eu de règles fixes à ce sujet ; on ne saurait produire aucun texte, aucune prohibition relativement à la pluralité des autels. Quand S. Ignace, évêque d'Antioche, dans sa lettre aux Philadelphiens, dit qu'il n'y a dans chaque église qu'un seul autel de même qu'un seul évêque, il ne fait que constater l'usage assez général de son temps, qui s'explique par le petit nombre de prêtres qu'il y avait alors. Descendons dans les catacombes, nous trouverons souvent, dans une même crypte, plusieurs *arcosolia*, disposés pour la célébration des saints mystères ([1]). On compte jusqu'à onze autels-tombeaux dans une église cimétériale de Sainte-Agnès. Si les basiliques constantiniennes eurent un autel unique, c'est qu'elles furent construites sur la tombe d'un seul martyr ; mais, dès qu'on voulut ravir les reliques des catacombes aux ravages des barbares, on les transporta en grand nombre dans l'intérieur des villes, et on les renferma dans des autels qui se multiplièrent alors dans une même église.

Nous ne voulons pas nier que l'unité d'autel ne fût d'un usage très général ; un seul autel suffisait alors qu'une seule messe était célébrée chaque jour par l'évêque, messe à laquelle les prêtres communiaient en même temps que les fidèles ; mais il y eut toujours à cet égard d'assez nombreuses exceptions.

Constantin fit ériger trois autels dans l'église du Saint-Sépulcre, sept dans la basilique de Latran. En 326, l'évêque Aventius en consacra trois dans l'église d'Avignon. Dès le IVᵉ siècle, il y en avait plusieurs à Saint-Pierre du Vatican, à Saint-Pierre-hors-les-Murs, à Sainte-Marie dans la vallée de Josaphat ([2]), etc. S. Ambroise parle des soldats qui, en se retirant de la basilique

---

1. *Nécessité d'une réforme dans la décoration fixe et meuble des églises.*

1. Aringhi, *Roma sotteran.*, l, l. c. XXXI.
2. Martène, *de Ant. eccles. rit.*, t. I, p. 112.

de Milan, embrassaient les autels pour fêter la paix accordée à l'Église par Valentinien. S. Pierre Chrysologue suspendit une couronne d'or sur l'autel-majeur de Saint-Cassien d'Imola, ce qui indique qu'il y en avait de secondaires. Au Vᵉ siècle, le pape Hilaire dédia trois autels dans le baptistère de Saint-Jean de Latran. S. Grégoire le Grand nous dit que Pallade, évêque de Saintes, avait placé treize autels dans sa cathédrale et il n'en témoigne aucun étonnement. S. Grégoire de Tours nous apprend que dans l'église de Braine, en Soissonnais, il célébra trois messes sur trois autels différents. Au VIIIᵉ siècle, S. Benoît d'Aniane, fondateur du monastère de Saint-Guillhem du Désert, fit construire sept autels dans l'église Sainte-Marie, en l'honneur des sept dons du Saint-Esprit. A cette époque, les prêtres ayant cessé de communier à la messe de l'évêque, il devint nécessaire, pour qu'ils pussent célébrer eux-mêmes, de multiplier les autels dans une même église. On crut qu'il y avait quelque exagération dans cette tendance, puisque le concile de Thionville, en 804 (1), et Charlemagne, dans un capitulaire, essayèrent de la modérer.

Au XIᵉ siècle, le prolongement des nefs autour du chœur fit multiplier les chapelles, et par conséquent, les autels. Leur nombre fut toujours plus considérable dans les églises cathédrales, collégiales et monasti-

ques, en raison même du nombre de prêtres qui y célébraient la messe (1).

Dans les temps modernes, certains autels ont été disposés de façon à ce que plusieurs prêtres puissent y dire la messe en même temps. Aux Dominicains de Toulouse, le maître-autel avait quatre faces ; celui de Saint-Jean, à Caen, est pourvu d'une double table, l'une à l'Orient, l'autre à l'Occident. A Rome, dans quelques églises, où existent tout à la fois un chapitre et un service paroissial, par exemple à Sainte-Marie de la Rotonde et à Saint-Jérôme des Esclavons, il y a de ces bizarres autels à double face ; les offices capitulaires se font du côté du chevet, et les services paroissiaux en vue des fidèles.

Dans tout l'Orient, en Grèce et en Russie, il n'y a généralement eu et il n'y a encore aujourd'hui qu'un seul autel, où l'on ne doit célébrer qu'une seule fois le même jour. Toutefois les Grecs construisent des oratoires ou *paréglises*, qui ne sont séparés de l'église que par un simple mur ; les jours de fête, on dit la messe dans ces annexes. Ces sortes d'oratoires sont très nombreux dans les monastères.

*(A suivre.)*

L'abbé Jules Corblet.

---

1. Altaria ne superabundent in ecclesiis.

1. Les *Révélations* de Sᵗᵉ Brigitte fixent à treize le nombre des autels dans les monastères qui suivent la *Règle du Sauveur*, laquelle fut appelée vulgairement plus tard *Règle de sainte Brigitte*.

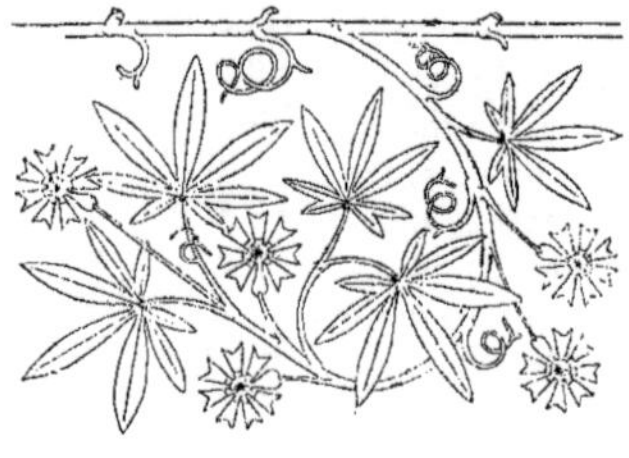

Revue de l'Art chrétien

paraissant tous les trois mois.

26ᵐᵉ Année. — 3ᵐᵉ Série.

Tome I⸍ (xxxiiiᵉ de la collection).

2ᵐᵉ livraison. — Avril 1883.

# L'Autel chrétien. — Etude archéologique et liturgique. — Deuxième article.

## Chapitre j. — Des autels proprement dits. (Suite.)

### Article viij. — Consécration des autels.

L'USAGE de consacrer les autels par des rites spéciaux, remonte sans doute au berceau du genre humain, et c'est pour cela que, chez tous les peuples, les temples et les autels ont été dédiés avec des cérémonies plus ou moins solennelles. Sans parler du patriarche Jacob, Moïse consacra le tabernacle avec l'huile d'Onction; le temple, érigé par Salomon, fut dédié avec une pompe incomparable. Chez les Grecs et les Romains, les autels étaient sanctifiés par une effusion d'eau, de vin et d'huile; l'indication de cette cérémonie religieuse est souvent consignée par cette inscription: AVG. SAC., c'est-à-dire, *Auguste Sacrum, consacré avec la pompe des cérémonies religieuses*. Il serait donc naturel de penser que les premiers chrétiens auraient consacré leurs autels, bien autrement saints que ceux de l'antiquité judaïque; cependant les quatre premiers siècles ne nous fournissent aucun renseignement à ce sujet Saint Denys l'Aréopagite, il est vrai, nous parle de la consécration des autels dont il fait remonter l'origine aux temps apostoliques; mais il est difficile de baser une appréciation chronologique sur un témoignage unique dont la date est contestée. En face de ce silence, plusieurs écrivains [1] n'en ont pas moins cru que les consécrations dont parle le concile d'Agde (506) ne devaient être que la continuation des anciennes traditions. D'autres [2] ont supposé que, pendant les quatre ou cinq premiers siècles, les autels paraissaient être suffisamment consacrés par la célébration même des saints mystères.

Ce qui nous paraît certain, c'est que ce

---

1. Le Cardinal Bona, Mgr Crosnier, l'abbé Goschler, etc.
2. J. B. Thiers, Grandcolas, Boehmer, Gareiso, de Résie, etc.

rite remonte tout au moins au IVe siècle et non pas au Ve, car il en est question dans S. Grégoire de Nysse[1], et nous voyons les Eusébiens accuser S. Athanase d'avoir renversé un autel consacré [2]. Eusèbe, Socrate et Sozomène nous parlent de la dédicace des églises de Tyr, de Jérusalem et d'Antioche ; il paraît difficile d'admettre qu'on ait consacré le temple et non l'autel qui en constitue la sainteté.

Quand le concile d'Agde (506) dit que « les autels ne doivent pas être simplement oints du Saint-Chrême, mais qu'ils doivent aussi être bénits par l'évêque » ; quand le concile d'Épaone (517) défend de consacrer les autels qui ne seraient pas en pierre, ils visent évidemment un usage très antérieur. Nous pouvons en conclure que ce rite devint obligatoire dès le commencement du VIe siècle, mais les éléments nous manquent pour préciser l'époque de son origine.

Les oraisons et les cérémonies de la consécration des autels sont consignées dans le *Sacramentaire* du pape Gélase. Nous allons en exposer les principaux détails, en faisant plus d'un emprunt à deux ouvrages spéciaux de Mgr Crosnier et du P. Levavasseur [3].

Bien que cette consécration puisse se faire n'importe quel jour, on choisit d'ordinaire, pour cette cérémonie, un dimanche ou une fête. Elle s'accomplit presque toujours en même temps que la dédicace même de l'église. On pourrait consacrer les autels sans consacrer l'église ; mais, on ne saurait faire la dédicace d'une église sans y consacrer au moins un autel. Cette décision de la Congrégation des Rites (12 août 1854) a mis un terme aux controverses relatives à ces questions [4].

Dès la veille de la cérémonie, l'évêque place les reliques destinées à l'autel dans un petit vase ou dans une petite boîte de plomb, avec trois grains d'encens [1] et un acte authentique, ordinairement sur parchemin et conçu en ces termes: *MDCCCLXXX... die N...mensis N...episcopus N...consecravi altare hoc in honore sancti N...et reliquias sanctorum martyrum N...et N...in eo inclusi, et singulis Christi fidelibus, hodie unum annum, et in die anniversario consecrationis hujus modi ipsam visitantibus quadraginta dies de vera indulgentia, in forma Ecclesiæ consueta concessi.* L'évêque scelle le tout et dépose ces reliques, entourées de cierges allumés, dans une chapelle voisine du chœur. Le soir, on chante Matines et Laudes en l'honneur des saints dont les reliques sont contenues dans le vase. A Rome, ce vase a été bénit, bien que le *Pontifical* ne le prescrive pas. La coutume de passer la nuit en chantant des prières devant les reliques existait déjà au IVe siècle, puisque S. Ambroise en parle dans une lettre à sa sœur Marcelline [2].

Le jour de la consécration, la cérémonie s'ouvre par le chant des sept psaumes de la Pénitence.

Le pontife, revêtu d'une chape blanche, assisté d'un diacre et d'un sous-diacre, se rend à l'autel qui doit être consacré et reste à genoux pendant le chant des Litanies, où l'on répète par trois fois les noms des saints dont les reliques doivent être déposées dans l'autel. Quand ce chant est terminé, l'évêque procède à la bénédiction de l'eau grégorienne, ainsi appelée parce qu'on en attribue l'institution à S. Grégoire-le-Grand; c'est un mélange de sel, d'eau, de cendre et de

---

1. *Orat. de bapt. Christi.*
2. Sozom. *Hist. eccles.*, l. 11, c. XXV.
3. Crosnier, *Prières et cérémonies de la consécration d'une église d'après le Pontifical romain;* Levavasseur, *Cérémonies de la consécration des églises et des autels.*
4. Barbosa, Quarti, Tamburini, Ventriglia prétendaient qu'on ne peut point consacrer un autel dans une église qui n'est point consacrée ; l'opinion contraire était soutenue par Pasqualigo, Suarez, Ferraris, etc.

1. Ces grains d'encens mis avec les reliques rappellent tout à la fois les aromates de la sépulture de JÉSUS-CHRIST et la cassolette d'encens qu'on déposait dans les tombeaux des martyrs.
2. *Epist.* XXII.

vin que l'évêque bénit en prononçant diverses oraisons. Durand de Mende explique ainsi le symbolisme de cette cérémonie : « Quatre choses sont nécessaires pour la consécration de l'autel : l'eau, le vin, le sel et la cendre ; quatre vertus sont également requises, pour vaincre l'ennemi du salut : les larmes de la pénitence indiquées par l'eau, la générosité par le vin, la prudence dont le sel est le symbole, et enfin une humilité profonde désignée par la cendre. L'eau signifie encore l'humanité; le vin, la divinité qui a bien voulu s'unir à notre faible nature ; le sel, la sagesse de la doctrine du Sauveur ; la cendre rappelle les abaissements et la passion de JÉSUS-CHRIST [1]. »

Pendant que le chœur chante le psaume *Judica me*, l'évêque trempe le pouce dans l'eau grégorienne et fait cinq croix sur l'autel, en commençant par le milieu et en disant à chaque croix : « Que cet autel soit sanctifié en l'honneur de Dieu Tout-Puissant, de la glorieuse Vierge Marie et de tous les Saints, sous le nom et en mémoire de saint N... » Puis il ajoute cette oraison : « Sainte Victime de propitiation, immolée sur l'autel de la croix pour notre salut, autel que le patriarche Jacob figurait, lorsqu'il érigea la pierre qui devait servir au sacrifice, et au-dessus de laquelle les portes du Ciel devaient s'ouvrir pour faire entendre les divins oracles; exaucez, Seigneur, nos supplications, afin que cette pierre, préparée pour recevoir d'augustes sacrifices, soit enrichie de l'abondance de votre sainteté, car vous n'avez pas trouvé indigne de votre majesté d'écrire votre Loi sur des Tables de pierre. »

Le *Pontifical* n'exige pas que les croix soient tracées au ciseau à l'endroit où le pontife doit faire les onctions. C'est là un usage français destiné à perpétuer le souvenir de la consécration. On le constate déjà au IVe siècle, tandis qu'on n'en trouve aucun vestige dans beaucoup de monuments postérieurs à

cette époque [1]. Il est assez probable que les croix grecques tracées par l'évêque durent être primitivement des X, lettre initiale du nom du CHRIST Χριστος [2]. D'après les écrivains mystiques, les croix figurées aux cornes de l'autel représentent les quatre caractères de la charité du prêtre: l'amour de Dieu, l'amour de la perfection, l'amour des amis, l'amour des ennemis. Les cinq croix rappellent les cinq plaies du Sauveur, sources des grâces qui doivent découler de l'autel; ou bien encore la croix centrale indique le sacrifice que JÉSUS-CHRIST a consommé au milieu de la terre, c'est-à-dire à Jérusalem, tandis que les quatre autres croix figurent les quatre parties du monde sauvées par la vertu de la croix [3].

L'évêque fait sept fois le tour de l'autel dont il asperge la table avec un aspersoir d'hysope, trempé dans l'eau grégorienne, pendant que le chœur chante le psaume *Miserere*. Ce chant se trouve coupé en sept parties par l'antienne *Asperges me*. On connaît le symbolisme du nombre septénaire, employé d'ailleurs dans les aspersions du Judaïsme [4]. Ici il rappelle spécialement les sept effusions du sang de JÉSUS-CHRIST depuis la circoncision jusqu'à l'ouverture de son côté; les sept dons du Saint-Esprit qui doit sanctifier les oblations de l'autel, et les sept sacrements qui tirent leur vertu du sacrifice de la croix, perpétué sur nos autels.

Le pontife, après avoir bénit le ciment délayé avec l'eau grégorienne, va processionnellement chercher les reliques et les dépose à côté de l'autel, sur une table, au milieu de cierges allumés. Après le chant des psaumes CXLIX et CL, le consécrateur trempe son

---

1. *Ration. divin. offic.*, l. 1, c. VII.

1. S. Germain, évêque d'Auxerre, raconte la légende, consacrait un autel à Angoulême; les croix qu'il y marquait avec l'huile sacrée se gravèrent dans la pierre, comme si son doigt eût été un burin qui les entaillât. — Bolland., *Act. Sanct.*, t. VII, Julii.
2. V. Davin, *La Capella greca*, ap. *Revue de l'Art Chrétien*, t. XXVI, p. 395.
3. G. Durand, *Ration. divin. offic.*, l. 1, c. XVII.
4. *Levit.*, c. IV, 5, 16; XIV, 7, 16, 51.

pouce dans le Saint-Chrême et fait une onction aux quatre angles du sépulcre où doivent être déposées les reliques, puis au-dessous de la pierre qui doit les clore; il enduit cette plaque de ciment et en commence le scellement qu'achève un maçon.

La boîte aux reliques, munie d'un couvercle, liée d'un ruban rouge en croix et scellée du sceau épiscopal, doit contenir un parchemin attestant la consécration de l'autel et la liste authentique des reliques. Il doit y en avoir de deux saints martyrs au moins, pour justifier les paroles que le prêtre prononce en commençant la messe: *Quorum reliquiæ hic sunt.* Aux reliques des martyrs, on joint ordinairement celles de quelques saints non martyrisés.

La Congrégation des Rites a décidé (7 septembre 1630) qu'on pouvait se servir des reliques des saints dont on ne connaît pas les noms, pourvu qu'elles soient authentiques; quant à celles des simples bienheureux, il faudrait une concession spéciale du Saint-Siège, puisque leur culte repose sur une permission de l'Église et non sur un commandement.

Au point de vue historique, les reliques mises dans l'autel rappellent qu'on ne célébrait jadis les saints mystères que sur le corps d'un martyr. Toutes les cérémonies transportent nos souvenirs au temps des ensevelissements dans les catacombes: les grains d'encens, aromates de ces dépouilles saintes, l'office récité pendant la nuit, la procession triomphale, la mise dans le *sépulcre* et jusqu'au scellement fait avec du mortier. Au point de vue symbolique, cette addition de reliques marque l'union intime de Jésus-Christ avec les saints qui ont participé à ses souffrances; les fidèles par excellence, c'est-à-dire les martyrs, restent cachés en Jésus-Christ dont l'autel est la figure, jusqu'au jour de sa manifestation triomphante.

L'opération du scellement terminée, l'évêque fait une onction en forme de croix sur la pierre de clôture et encense l'autel sur tous ses côtés. Ces encensements sont continués par un prêtre thuriféraire, pendant que le consécrateur fait cinq onctions sur l'autel, dans l'ordre que nous avons indiqué plus haut, d'abord avec l'huile des catéchumènes, puis avec le Saint-Chrême. Ensuite, il verse de ces deux saintes huiles qu'il étend avec la main sur toute la table; enfin, après le chant du psaume LXXXVI, il prononce cette oraison: « Prions le Seigneur, nos très chers Frères, afin qu'il daigne bénir et sanctifier cette pierre sur laquelle nous avons répandu l'huile de l'onction sainte, pour que le peuple y dépose ses vœux et ses sacrifices; que cette onction soit faite au nom de Dieu, afin qu'il puisse recevoir les vœux du peuple fidèle et que nous-même, offrant ce sacrifice de propitiation sur cet autel consacré par l'onction sainte, nous méritions les faveurs de notre Dieu, par Jésus-Christ Notre-Seigneur, etc. »

Ces onctions se font à l'imitation de celles que Jacob, après sa vision, fit sur la pierre commémorative qu'il avait érigée; elles indiquent l'onction spirituelle opérée dans l'âme par les saints mystères. S. Remi d'Auxerre explique ainsi (1) la multiplication des onctions:

« Pourquoi ces onctions trois fois répétées, deux fois avec l'huile des catéchumènes et une fois avec le Saint-Chrême? Les dons du Saint-Esprit sont multipliés à l'infini; mais il y a trois vertus principales que l'Église catholique regarde comme indispensables et sans lesquelles on ne peut être sauvé. C'est la Foi, l'Espérance et la Charité. Comme ce divin Esprit enrichit les hommes de ces trois vertus, il orne l'autel d'une triple onction. Les deux premières n'ont pas la même valeur que la troisième qui est incontestablement d'un prix plus relevé; c'est parce que la Foi et l'Espérance, toutes nécessaires qu'elles soient, sont loin d'égaler la Charité, qui est la plus précieuse de toutes,

1. *De dedicat. eccles.*, c. VII.

d'après l'apôtre S. Paul. La Foi et l'Espérance cesseront un jour d'exister, mais le règne de la Charité ne cessera jamais. »

L'évêque, après avoir bénit et aspergé des grains d'encens, les dispose en forme de croix sur les cinq croix de l'autel, et, sur chacune d'elles, il place des croix de cire qu'il allume par les quatre bouts, afin que l'encens brûle. Ces grains d'encens enflammés, image de la prière, indiquent que c'est par la croix et les mérites de Jésus-Christ que nos supplications peuvent être agréables à Dieu.

Quand les petites bougies sont éteintes, un prêtre recueille dans un vase, pour être jetés dans la piscine, les restes de l'encens et de la cire. C'est alors que le pontife chante cette belle préface : « Il est véritablement juste et raisonnable, il est équitable et salutaire de vous rendre grâces en tout temps et en tous lieux, ô Seigneur très saint, Père tout-puissant, Dieu éternel et plein de miséricorde, vous dont on ne connaît ni le commencement ni la fin, qui avez voulu être aussi grand que vous êtes, c'est-à-dire un Dieu admirable par sa sainteté et dont le ciel et la terre ne peuvent contenir la majesté. Nous vous bénissons et, humblement prosternés à vos pieds, nous vous conjurons d'agréer cet autel comme vous avez agréé celui d'Abel qui, par sa mort, avait figuré ce mystère du salut, quand, immolé par son frère, il l'avait oint et consacré par son sang innocent. Agréez cet autel, ô Seigneur, comme vous avez agréé celui que notre père Abraham, qui mérita de vous voir, éleva et consacra après avoir invoqué votre nom, et sur lequel votre prêtre Melchisédech figura par ses offrandes le sacrifice glorieux de la Loi nouvelle. Agréez cet autel, ô Seigneur, comme vous avez agréé celui sur lequel Abraham, père de notre foi, n'hésita point à placer son fils Isaac, ni à croire à votre parole ; sur lequel on vit paraître le symbole du mystère salutaire de la Passion du Sauveur, par l'oblation du Fils et l'immolation de l'Agneau. Agréez cet autel, comme vous avez agréé celui qu'Isaac dédia à votre majesté, quand il trouva les sources vives et fécondes du puits qu'il appela *Puits de l'abondance.* Agréez cet autel, ô Seigneur, comme vous avez agréé la pierre qui servit d'oreiller à Jacob, quand il vit pendant son sommeil les anges qui montaient et descendaient à l'aide d'une échelle mystérieuse. Agréez cet autel, ô Seigneur, comme vous avez agréé celui que Moïse purifia pendant sept jours, et qu'il nomma le *Saint des Saints* à la suite du céleste entretien qu'il eut avec vous. C'est vous qui lui avez fait entendre ces paroles : *Que celui qui aura touché cet autel soit considéré comme sanctifié.* Que les dons qui y seront déposés le soient par des mains innocentes ; qu'avant tout on immole l'orgueil, on sacrifie la colère ; que la luxure et toute passion impure soient frappées à mort ; que le sacrifice de la chasteté remplace celui des tourterelles, et le sacrifice de l'innocence celui des petits des colombes. »

Après le chant du psaume LXVII, l'évêque fait, avec le Saint-Chrême, une croix aux quatre angles de la jonction de la table d'autel avec sa base. Des ministres engagés dans les Ordres frottent et essuient l'autel. L'évêque, s'étant purifié les mains avec de la mie de pain, procède ensuite à la bénédiction des nappes et des ornements, ce dont nous parlerons plus tard.

La consécration des autels portatifs ou pierres d'autel qu'on doit encastrer ou poser sur une table non consacrée est beaucoup moins solennelle ; elle se fait d'ordinaire à la chapelle de l'évêché. La pierre doit avoir de douze à quinze centimètres de profondeur. On ferme ce sépulcre au moyen d'une petite pierre convenablement taillée, et on la scelle avec du ciment bénit. En France, ces pierres sacrées, qui ne devraient exister qu'à l'état d'exceptions, sont devenues d'un usage très commun. Gattico croit, contre l'avis de

Thiers, que la consécration des autels portatifs est aussi ancienne que celle des autels fixes (¹). Il nous paraît impossible de produire des textes décisifs à cet égard, car, lorsque les anciens auteurs nous parlent de consécrations, ils ne spécifient guère si les autels sont fixes ou portatifs. Toutefois ces derniers sont expressément désignés par le V. Bède, par Hincmar, par le VIᵉ Synode et par un concile de Mayence (888).

Une controverse s'éleva au XIᵉ siècle sur le point de savoir si les pierres d'autel devaient être consacrées seulement après qu'elles étaient fixées à la table, ou si la cérémonie pouvait se faire auparavant. S. Yves de Chartres et S. Anselme de Cantorbéry soutinrent la première opinion, qui n'a point prévalu

Que l'autel soit portatif ou fixe, sa consécration est réservée exclusivement aux évêques. Toutefois le Saint-Siège, par un privilège spécial, concède ce pouvoir à de simples prêtres, surtout aux missionnaires qui évangélisent des contrées lointaines. Cette faveur fut accordée, en 1489, par Innocent VIII, à l'abbé du Mont-Cassin et à quatre autres abbés bénédictins ; en 1522, par Adrien VI, aux provinciaux des Frères Mineurs dans les Indes ; en 1549, par Paul III, aux Jésuites missionnaires ; en 1591, par Grégoire XIV, à tous les abbés cisterciens d'Espagne. Pie VI permit plusieurs fois à des prêtres séculiers de consacrer des pierres d'autel, pourvu que ce fût avec du Saint-Chrême bénit par un évêque catholique.

La consécration d'un autel se fait par un seul ministre. Cependant l'histoire ecclésiastique nous fournit divers exemples de plusieurs évêques intervenant dans cette cérémonie. Une inscription de l'église de la *Navicella*, à Rome, constate que les deux autels latéraux ont été consacrés chacun par deux cardinaux, tandis que Benoît XIII consacrait lui-même le Maître-Autel (¹). Un bas-relief de Tarascon (XIIᵉ s.) représente deux évêques mitrés et crossés, consacrant un même autel avec les huiles saintes contenues dans deux petits vases.

Chaque autel a sa fête propre en l'honneur du saint dont il porte le nom. On ne doit pas en dédier à un saint qui est déjà titulaire de l'église, ni à un simple bienheureux, si ce n'est en vertu d'un indult apostolique.

En diverses contrées, notamment à Venise, des autels sont placés sous le vocable de prophètes et de saints de l'Ancien-Testament ; mais, pour leur dédier de nouveaux autels, il faut l'autorisation du Saint-Siège, depuis le décret rendu à cet égard, le 3 août 1697, par la Congrégation des Rites.

En France, des motifs souvent bien futiles font changer le vocable des autels ; le simple caprice d'un curé dépossède le titulaire de ses droits et bouleverse la tradition.

Le concile de Trèves, en 1310, ordonna qu'à chaque autel, une peinture, une sculpture ou une inscription indiquât à quel saint l'autel est voué : voilà une excellente prescription à laquelle, malheureusement, on ne se conforme pas toujours.

Outre le patron liturgique, l'autel peut avoir un patron dans le sens canonique ; ce patron est celui qui a fondé ou qui entretient l'autel ; il jouit de certains privilèges, comme d'en nommer le chapelain desservant, d'apposer ses armes et son nom sur le retable et d'avoir un caveau de sépulture en avant de l'autel ; c'est ce qui a souvent lieu en Italie.

Trois principales causes font perdre aux autels leur consécration : 1° la séparation de la table d'avec la base ou ses supports ; 2° une fracture considérable ou une grande diminution de la table ; 3° la violation du sépulcre des reliques. Ces deux dernières causes s'appliquent à l'autel portatif aussi bien qu'à l'autel fixe. Il est bien des cas où le doute

---

1. *De orator. domest.*, 2ᵉ édit., p. 362.

1. *Analecta juris pontif.*, t. 1, col. 3436.

peut surgir. Par exemple, un autel perd-il sa consécration, s'il est brisé à ses quatre coins? Les théologiens sont partagés à cet égard (1). Que faut-il faire quand le sépulcre, renfermant des reliques, n'est plus ou n'a jamais été revêtu du sceau épiscopal en cire d'Espagne? La Congrégation des Rites a mis un terme aux controverses relatives à cette question, en distinguant trois cas différents (2): 1° lorsque la pierre sacrée, quoique entière, a été placée dans un endroit où elle n'était plus employée au saint sacrifice, par là même qu'on n'a plus de preuve de l'authenticité des reliques, on ne doit plus s'en servir pour dire la messe; 2° lorsque, au contraire, l'autel portatif est entier, les reliques bien closes, et qu'il a toujours fait partie d'un autel où l'on pouvait dire la messe, on peut continuer à s'en servir; 3° si l'autel avait réellement perdu sa consécration, il ne suffirait pas d'y mettre des reliques, mais on devrait le consacrer de nouveau.

Nous terminerons cet article par quelques mots sur la consécration des autels chez les communions dissidentes. Elle se fait très solennellement dans tout l'Orient. En Russie, l'autel qu'on doit consacrer est placé au milieu du sanctuaire, en face de la porte royale de l'iconostase. Les prêtres officiants y clouent un recouvrement au chant des psaumes CXLV et XXII ; ce recouvrement est assujetti aux piliers voisins au moyen de quatre clous rappelant ceux de la crucifixion, et d'une sorte de mastic odorant, en mémoire des aromates dont fut oint le corps de JÉSUS-CHRIST, détaché de la croix. Quand l'autel a été lavé d'eau parfumée, l'évêque l'enduit de Saint-Chrême. Cet autel est ensuite revêtu d'une housse en toile blanche, puis d'une riche étoffe en brocart. On y place alors le livre des Évangiles, la croix et l'*antimensium*

dans lequel on dépose des reliques; on en met aussi sous l'autel. Cette consécration se termine par une série de prières pour le souverain régnant, le saint-synode et tous les chrétiens (1).

Les Orientaux remplacent nos pierres d'autel par l'*antimensium*, petite nappe de soie dont une poche contient de la poudre de reliques. L'évêque en consacre plusieurs à la fois; il les trempe dans du vin en récitant le psaume *Asperges me*, y marque trois croix avec le Saint-Chrême, y introduit quelques parcelles de reliques et célèbre ensuite la sainte messe. C'est sur cet *antimensium* que doivent être déposés les éléments du sacrifice (2).

Les Protestants n'admettent point la consécration des autels, ni des vases, ni des linges sacrés; ils ne voient là qu'un reste du culte lévitique aboli par l'Évangile. Les églises réformées de France ont des prières spéciales pour la consécration d'une église (3), mais il n'y est pas fait mention de la table sainte.

### Article II. — Sainteté et privilèges des autels.

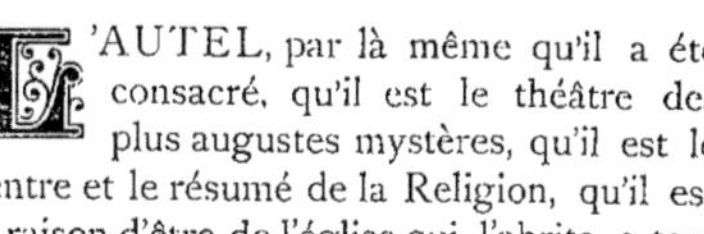

L'AUTEL, par là même qu'il a été consacré, qu'il est le théâtre des plus augustes mystères, qu'il est le centre et le résumé de la Religion, qu'il est la raison d'être de l'église qui l'abrite, a toujours été revêtu d'un caractère de sainteté qu'ont proclamé tous les Pères. « Le saint autel, dit S. Grégoire de Nysse (4), est fait d'une pierre commune, semblable à celles qui servent à la construction de nos maisons; mais, parce qu'elle a été consacrée et dédiée au culte de Dieu et qu'elle a reçu une bénédiction particulière, elle est devenue une table sainte, un autel sacré, qui ne peut être

---

1. Oui, disent Antonin, Sylvestre, Armilla, Henriquez, Azor, Réginald, Bonacina, Barbosa, etc. Non, prétendent Layman, Palaüs, le cardinal Lugo, Tamburini, Quartus, Pasqualigo, etc.

2. Nos 4805, 5037, 5162.

1. Boissard, *l'Église de Russie*, t. I, p. 460.

2. Goar, *Eucol.*, p. 649.

3. Bersier, *Liturgie à l'usage des Églises réformées*, p. 277.

4. *Orat. in bapt. Christi.*

touché que par les prêtres et avec respect. »
Tous les écrivains ecclésiastiques ont considéré l'autel comme la figure de Jésus-Christ
dont S. Paul (*Ephes.* II, 20) a dit qu'il est
«la pierre principale et angulaire». Guillaume
Durand, dont on sait le goût raffiné pour le
symbolisme, ne manque pas d'examiner
l'autel à tous ses points de vue mystiques.
« Premièrement, nous dit-il[1], l'autel signifie
la mortification des sens, c'est-à-dire notre
cœur dans lequel les mouvements de la chair
sont consumés par l'ardeur du Saint-Esprit.
En second lieu, l'autel figure l'Église spirituelle; ses quatre coins sont les quatre parties
du monde sur lesquelles l'Église étend son
empire. Troisièmement, il est l'image du
Christ, sans lequel aucun don ne peut être
offert d'une manière agréable au Père; aussi
l'Église a-t-elle coutume d'adresser ses prières au Père par l'entremise du Christ.
Quatrièmement, c'est la figure du corps de
Notre-Seigneur. Enfin, l'autel représente la
table sur laquelle le Sauveur but et mangea
avec ses disciples. » D'autres liturgistes du
moyen âge ajoutent que les quatre angles
de l'autel représentent les quatre évangélistes ou les quatre vertus cardinales.

L'autel est si bien la figure de Jésus-
Christ que, le Jeudi-Saint, il est complètement dépouillé et lavé avec du vin et de
l'eau, parce que le Sauveur, la veille de sa
Passion, abandonné des siens, dépouillé de
ses vêtements et de sa gloire apparente, fut
laissé nu et sans défense aux mains de ses
ennemis[2].

C'est parce que l'autel est saint que les
canons défendent de le démolir, quelle que
soit sa vétusté, sans la permission de l'évêque; que Nicéphore permet aux vierges
seulement de l'approcher, et non pas aux femmes mariées[3]; qu'on le considère comme
profané quand on y a offert un sacrifice païen
ou qu'il a été souillé par un homicide[1];
qu'on le couvre de linges précieux; qu'on
l'abrite par un *ciborium* et qu'on le protège
par un cancel de l'approche des simples
fidèles.

Le respect dont on honorait les autels a
été quelquefois exploité par la fourberie et
la superstition. En Afrique, des imposteurs
promenaient partout des autels qu'ils pré-
sentaient faussement pour des monuments
des martyrs, ce qui donna lieu à une con-
damnation de la part du IVe concile de
Carthage. Au VIIe siècle, le XIIIe concile
de Tolède proscrivit un autre abus qui
consistait à dépouiller complètement un autel pour intercéder de plus près, disait-on,
le saint dont les reliques y étaient contenues.

La sainteté des autels leur a fait accorder
tout à la fois des privilèges religieux et des
privilèges civils; parlons d'abord des premiers.

On appelle *privilégié* l'autel auquel le
Saint-Siège a attaché une indulgence plénière en faveur du défunt pour lequel on
dit la messe, à un jour déterminé ou bien à
quelque jour que ce soit. Ce privilège est
tantôt perpétuel et tantôt renouvelable tous
les sept ans. La faveur d'un autel privilégié
n'autorise pas à y célébrer des messes funèbres les jours auxquels les rubriques le
défendent. M. Littré donne donc une défi-
nition doublement fausse, en disant que
l'autel privilégié est celui « où il est permis
de dire la messe des morts, le jour qu'on ne
peut pas la célébrer aux autels qui ne sont
pas privilégiés ».

Les écrivains des deux derniers siècles
ne font remonter l'origine des autels privilégiés qu'en 1563, époque où Grégoire XIII

---

1. *Ration. divin. offic.*, l. 1, c. II.
2. Honorius, *Gemma animæ*, l. III, c. LXXXIV.
3. Can. 106, *apud* Card. Pitra, *Juris Eccles. græc. Hist. et Monum.*, t. II, p. 338.

1. Chez les Syriens, une table d'autel sur laquelle les Arabes auraient fait un repas ne pouvait plus désormais servir au saint sacrifice. — Jacques d'Edesse, *Resolut. canon.*, n° 25. *ap.* Lamy, *De Syror. fide*, p. 127.

accorda cette faveur aux Carmes de Besançon et de Sienne. Il est certain qu'un privilège de ce genre avait été concédé par Jules III, le 1er mars 1551. Aujourd'hui on croit plus généralement que l'origine de cet usage remonte au pape S. Grégoire-le-Grand qui fit célébrer à Rome, dans l'église de son monastère, trente messes consécutives pour l'âme d'un religieux. Toujours est-il que Pascal I, élu en 817, accorda un autel privilégié à l'église Ste-Praxède, ce qu'atteste encore aujourd'hui une inscription de ce sanctuaire (1).

C'est au XVIᵉ siècle que se propagèrent les autels privilégiés, d'abord chez les ordres mendiants, et ensuite chez les autres réguliers. Par une constitution datée du 24 mai 1688, Innocent XI décréta que toutes les messes célébrées sur les autels privilégiés aux jours où il n'est point permis d'en dire de *Requiem*, peuvent s'appliquer avec les mêmes indulgences que si l'on avait célébré la messe des morts. Benoît XIII, par sa bulle *Omnium saluti* du 20 juillet 1724, a attaché un privilège perpétuel et quotidien à un autel quelconque désigné respectivement par le patriarche, l'archevêque ou l'évêque, dans son église patriarcale, métropolitaine ou épiscopale. Clément XIII accorda la même faveur à toutes les églises paroissiales, mais à la condition que le privilège serait renouvelé tous les sept ans ; de plus, par un décret du 19 mai 1761, il déclara privilégiées toutes les messes qui sont célébrées le 2 novembre, jour de la Commémoration des fidèles trépassés, comme si elles étaient dites à un autel privilégié. Pie VII a privilégié les autels des églises où le Saint-Sacrement est exposé en forme de *Quarante Heures* et pendant toute la durée de l'exposition.

L'autel du Rosaire est privilégié pour tous les prêtres qui font partie de la confrérie du Rosaire. On nomme *grégorien* l'autel qui jouit des mêmes indulgences que celui de S. Grégoire, à l'église de Saint-Grégoire au *Cœlius*.

A Rome, les autels privilégiés les plus renommés sont ceux de Saint-Grégoire-sur-le-*Cœlius*, de Saint-Sébastien-hors-les-Murs, des Saints-Côme-et-Damien, de Saint-Laurent-hors-les-Murs et de Sainte-Anastasie. A Saint-Pierre-du-Vatican, il y a sept autels auxquels les Souverains Pontifes ont attaché les mêmes indulgences que l'on gagne en visitant les sept principales églises de Rome. Ce privilège des sept autels a été accordé à un certain nombre d'églises de la catholicité, mais seulement une fois par mois.

A Rome, les autels privilégiés sont désignés par cette inscription : *Altare privilegiatum quotidianum perpetuum;* ou bien : *Altare privilegiatum pro defunctis.* Les mots *Altare Gregorianum* indiquent ceux qui jouissent du privilège de l'autel de Saint-Grégoire-sur-le-*Cœlius.* Quand le Pape accorde l'indulgence des sept autels de la basilique de Saint-Pierre ou simplement l'indulgence adhérente à l'un de ces autels, on inscrit ces mots : *Unus ex septem.*

Le privilège est personnel quand il est accordé, pour certains jours de la semaine, à un prêtre qui gagne l'indulgence en célébrant à n'importe quel autel (1).

En France, sous le règne du Gallicanisme, certaines cathédrales (Paris, Lyon, Sens, Chartres, etc.) ont persisté à ne pas vouloir d'autel privilégié. A la grande Révolution, la suppression des ordres religieux qui jouissaient, la plupart, de ces privilèges liturgiques, fit presque tomber dans l'oubli la signification de cette faveur. Ce n'est guère que

---

1. Quicumque celebraverit vel celebrari fecerit quinque missas pro anima parentis vel amici existentis in purgatorio, dictus Paschalius dat remissionem plenariam per modum suffragii eidem animæ.

1. Nous avons emprunté un certain nombre de ces renseignements à deux excellents articles publiés par Mgr Barbier de Montault dans les tomes VIII et XII des *Analecta juris Pontificii.*

depuis 1850 que les catholiques de France et d'Allemagne ont attaché à cette question l'importance qu'elle mérite.

Il est un autre genre de privilège qu'on pourrait appeler d'exclusion, dont jouissent certains autels-majeurs. Ainsi ceux des quatre basiliques patriarcales de Rome sont uniquement réservés au Souverain-Pontife. Toutefois, par une concession faite en l'an 1300 par Boniface VIII, l'abbé bénédictin de St-Paul, quand il a été ordonné prêtre par le Pape, peut dire la messe au grand autel de St-Paul-hors-les-Murs. Cette même faveur est quelquefois aussi accordée, par un bref pontifical, pour les quatre basiliques majeures, à des cardinaux, à des évêques et même à de simples prêtres.

Autrefois, lorsqu'un évêque avait dit la messe à un autel, aucun autre prêtre ne devait, ce jour-là, y célébrer. C'est une décision que formulait, au VI^e siècle, le synode d'Auxerre.

Dans les siècles passés, l'autel, outre ses droits religieux, jouissait d'un important privilège connu sous le nom de *droit d'asile*.

Dès la plus haute antiquité, les lieux qu'é-taient censées habiter les divinités, et tout spécialement les autels, étaient réputés in-violables. Il était donc naturel que ceux qui étaient poursuivis par la justice humaine ou par les haines populaires allassent y chercher un refuge assuré. Les lois réglèrent cette coutume en tâchant de concilier les droits de la justice avec le respect dû aux lieux saints.

On comprend qu'un privilège aussi géné-ral ait été transporté à l'autel du vrai Dieu et plus tard à toutes ses dépendances. Dès le règne de Constantin, on pensa que pour-suivre un criminel dans le lieu saint, c'était transporter la souveraineté humaine sur un domaine où Dieu seul doit régner en maître absolu.

Le droit d'asile, d'après une loi de Théo-dose-le-Jeune, (431) comprenait l'intérieur de l'église et aussi l'enceinte où étaient si-tuées les maisons sacerdotales, les galeries, les jardins, les bains, etc. Au moyen âge, ces immunités s'étendirent aux cimetières, aux croix, aux cloîtres, aux monastères, aux hô-pitaux, etc. ; mais la source du droit d'asile, le vrai *palladium*, ce fut toujours l'autel dont le coupable allait embrasser les colonnes.

Sous la domination franque, le privilège d'asile s'entoura des prérogatives et des at-tributs d'un droit positif. Plus tard les capi-tulaires, les ordonnances royales, et les con-ciles ([1]) réglèrent toutes les questions con-testées, jusqu'à ce que Grégoire XIV, dans la constitution qui porte son nom, réunit en un seul corps de doctrine tous les principes qui régissaient ce privilège.

L'entraînement des passions populaires, aussi bien que la volonté despotique des puissants, portait parfois de graves atteintes à ce que l'on considérait comme un droit sacré : aussi fut-on obligé d'édicter des pei-nes sévères contre les violateurs de ces im-munités. Les lois de Valentinien, d'Honorius et de Théodose en font un crime de lèse-majesté ; un capitulaire de Charlemagne le punit de la peine de mort. De leur côté, les conciles prononcent, contre les infrac-teurs, l'excommunication *ipso facto* et les privent, s'il y a lieu, de leurs fiefs ecclésias-tiques ([2]).

Les exceptions au droit d'asile, qui de-vaient se multiplier d'âge en âge, ont existé dès les temps anciens. L'empereur Arcadius exclut de ce bénéfice les Juifs qui feignent de se convertir et qui vont près des autels chercher un refuge contre les poursuites de leurs créanciers. Justinien en exclut les ho-micides, les adultères et les ravisseurs de vierges.

---

1. Conciles de Tuluges (1041), de Lillebonne (1080), de Clermont (1095), de Rouen (1096), d'Avignon (1209), de Cologne (1260), etc.

2. Conciles de Vaucluse (441), d'Orléans (VI^e siècle), de Ruffec (1258), de Montpellier (1258), de Saint-Quentin (1271), de Bourges (1276), etc.

Des écrivains du XVIIIe siècle ont prétendu à tort que l'asile assurait l'impunité des coupables ou bien qu'il les rendait justiciables du juge ecclésiastique. Ce ne fut jamais là l'esprit du droit canonique. Quand la justice civile ne pouvait pas saisir le coupable quittant momentanément son refuge, elle finissait par l'obtenir des mains de l'Église, moyennant promesse de ne lui faire subir ni la mutilation ni la mort.

Dans certaines églises du moyen âge, un siège, nommé *pierre de la paix*, était réservé, pour les réfugiés, près de l'autel. Ailleurs le simple anneau d'une porte devenait une sauvegarde pour le poursuivi. Il était interdit au réfugié de conserver ses armes dans l'église, d'y manger et d'y dormir. Il devait se tenir dans une pièce spéciale qui, dans un certain nombre de monastères et d'églises, portait le nom d'*asile*.

Le droit d'asile, battu en brèche dès le XIVe siècle, fut aboli, en matière civile, par l'ordonnance de Villers-Cotterets (1539); en matière criminelle, il tomba bientôt en désuétude. De leur côté les Souverains-Pontifes s'efforcèrent de détruire les nombreux abus qui se multipliaient. Grégoire XIV, en 1591, et plus tard Benoît XIII, Clément XII et Benoît XIV restreignirent de plus en plus les catégories de crimes qui pouvaient bénéficier du droit d'asile.

On ne pourrait citer que quelques rares vestiges de l'ancien droit d'asile, par exemple, l'article 781 du Code de procédure civile qui interdisait d'arrêter un débiteur dans les édifices consacrés au culte, et un article du dernier concordat d'Autriche ainsi conçu : « Pour l'honneur de la maison de Dieu, l'immunité des temples sera respectée, autant que la sécurité publique et les exigences de la justice le permettront. »

Il y eut sans doute de nombreux abus dans le droit d'asile, et nous ne devons pas regretter qu'il ait disparu ; mais on doit convenir que l'origine en fut très respectable. « Après la chute de l'empire franc, dit M. de Beaurepaire ([1]), plusieurs souverainetés et diverses coutumes se partagèrent le pays. La Révolution qui mettait fin à l'existence d'un pouvoir central livrait les peuples à l'arbitraire de petits despotismes et à une guerre incessante. Au milieu de cette anarchie qui marque le plus haut degré de l'influence barbare, un ardent besoin de repos s'empara de tous les cœurs. Le sentiment religieux qui avait fait établir des temps de trève à l'action régulière de la justice, produisit alors des effets plus étendus et vraiment extraordinaires. Quelques esprits généreux avaient rêvé l'existence d'une paix perpétuelle. Cette prétention exagérée n'eût pu aboutir à aucun résultat. Il fallut se réduire à continuer, sur une plus vaste échelle, ce qu'on avait fait précédemment. Ne pouvant soustraire le pays tout entier à l'empire de la violence, ni garantir à tous les temps et à tous les lieux cette sécurité continuelle qui n'appartient qu'à la civilisation, on l'accorda à autant de lieux et autant de jours qu'il fut possible de prendre. Cette spécialité de faveurs, fort remarquable, qui n'a pu arriver que dans des temps désastreux, était l'unique moyen d'assurer quelque calme à une société aussi profondément troublée. »

Nous ne devons pas négliger d'ajouter

1. *Essai sur l'asile religieux*, article inséré dans la *Bibliothèque de l'École des Chartes*, troisième série, t. V, p. 151. Sur le droit d'asile, on peut consulter les ouvrages suivants : G. Goetz, *Dissert. de asylis*, Ienæ, 1660, in-4° ; Mœbius, Ασυλογια *seu Ebroeorum, Gentilium et Christianorum asyles.* Lips., 1673, in 4° ; Carlhom, *de asylis*, Upsal, 1687, in-8° ; Lynckner, *Dissertatio de juribus templorum*, Francfort, 1698, in-4° ; Wildvogel, *de juribus altarium*, Ienæ, 1716 ; Engelbrecht, *de injusta asylorum immunitatisque ecclesiarum ad crimina dolosa extensione*, Helmst., 1720, in-4° ; *Discussion historique, juridique et politique de l'immunité réelle des églises*, in 12, s. d. ; De Guasco *le droit d'asile*, 2 vol. in-12 ; Teulet, deux articles dans la *Revue de Paris*, 1834 ; Michelet, *Origines du droit*, p. 324 ; Wallon, *Du droit d'asile*, in-8° ; Proost, *Hist. du droit d'asile religieux en Belgique*, dans le *Messager des sciences historiques*, 1868 et 1869, et dans les *Annales de l'Académie d'Archéol. de Belgique*, t. XXXVI, 1880.

que, par un autre genre de privilège, l'autel assurait toute sécurité aux choses qu'on y venait déposer en temps de guerre et de révolutions, pour les mettre hors de danger, et qu'il rendait inviolable le contrat qu'on y signait. « C'est au coin de l'autel, dit M. Guerard ([1]), que les affranchissements étaient célébrés, de manière que le serf, après avoir trouvé dans le temple, un asile contre l'emportement de son maître, venait encore y recevoir le bienfait de la liberté. »

*(A suivre.)*

L'abbé J. CORBLET.

1. *Cartulaire de Notre-Dame de Paris*, p. XXIII.

## Chapitre j. — Des autels proprement dits.

### Article r. — Des ornements d'autel.

E pape Léon IV dit qu'on ne doit placer sur l'autel que les reliquaires, les Évangiles et la pyxide renfermant le corps du Seigneur pour le viatique des infirmes. Dans les miniatures du XIIe siècle, nous ne voyons encore guère sur l'autel qu'un calice, une croix et un chandelier. Parmi les ornements de l'autel, il en est qui ne sont plus usités, tandis que d'autres, datant d'une époque plus ou moins reculée, ont été conservés jusqu'à nos jours. Nous allons les étudier tous dans l'ordre suivant : 1° *ciborium* et baldaquins ; 2° voiles et courtines ; 3° couronnes ; 4° parements d'autel ; 5° retables ; 6° tabernacles ; 7° croix ; 8° chandeliers, lampes et luminaire ; 9° propitiatoires ; 10° statues ; 11° diptyques ; 12° châsses et reliquaires ; 13° fleurs naturelles et artificielles ; 14° missel et porte-missel ; 15° canons d'autel.

#### I. — CIBORIUM ET BALDAQUINS.

L'ORIGINE du baldaquin, pris dans son sens le plus général, remonte à une haute antiquité. Ce fut d'abord, en Assyrie et en Égypte, un dais mobile qu'on portait au-dessus de la tête des rois pour les mettre à l'abri des ardeurs du soleil. Ce qui n'était primitivement qu'un préservatif contre les inconvénients d'un climat trop ardent, devint une prérogative honorifique. Telle a été l'origine commune du parasol, du pavillon d'honneur, de *l'ombrellino*, du *ciborium* et du dais. Ce signe d'honneur, cette marque de respect a été accordée sous des formes différentes à l'autel, aux fonts baptismaux, au Saint-Sacrement porté processionnellement, aux statues des saints, aux trônes des rois, des patriarches, des évêques, aux chapitres des basiliques mineures, etc.

On appelle *ciborium* un édicule isolé, formé de quatre ou six colonnes correspondant aux angles de l'autel et portant une coupole destinée à l'abriter. C'est tout à la fois une décoration d'honneur et une protection matérielle ; il était aussi destiné à soutenir les voiles dont nous parlerons plus loin, et à supporter la croix, qui n'apparut que tardivement sur l'autel lui-même.

Diverses opinions se sont produites sur l'étymologie du mot ciboire (κιβόριον, κιβουριον, κιβυτον, *cibarium, ciborium, cibureum, civarium, cyborium, cybureum, etc.*). Les uns le dérivent d'un mot égyptien qui signifie fève, parce que sa forme aurait servi de modèle à certains vases en forme de coupe et que le *ciborium* a l'aspect d'une coupe renversée ; les autres y voient une traduction du grec κιβωριον, *coupe*. Ceux-ci prétendent que cet édicule est ainsi appelé parce qu'on y suspendait le ciboire en forme de tour ou de colombe, contenant les saintes espèces ; ceux-là n'admettant point l'antiquité de ce vocable dans ce dernier sens, proposent l'étymologie de *cibus*, parce que le *ciborium* servait comme de tente à la nourriture divine. Il en est enfin qui remontent jusqu'à l'hébreu *Keber*, sépulcre, parce que le ciboire abritait un autel-tombeau.

L'étymologie de *baldaquin* est beaucoup moins contestée. *Baldachinum* est un mot de la basse latinité, désignant une riche étoffe dont la chaîne était de fil d'or et la trame de soie. C'est avec ce tissu, provenant de Baldac, aujourd'hui Bagdad, qu'on revêtait ordinairement les dais en bois qui abritaient l'autel.

On a donné aussi au *Ciborium* les noms d'*apellaria, aplare, ciel* (en italien *capo cielo*), *columbarium* ou *peristerium* (à cause de la colombe eucharistique), *cooperculum, coopertorium, dais, lilia* ou *malum* (à cause des fleurs dont on a couvert le *ciborium*), *supracœlum, surciel* (XVII<sup>e</sup> siècle), *tabernaculum, tegimen altaris, tigurium, umbraculum altaris*, etc.

Le *ciborium* paraît dater de l'époque où l'on commença à suspendre le vase eucharistique au-dessus de l'autel, c'est-à-dire du IV<sup>e</sup> siècle. Les voiles qui l'entouraient formaient un véritable tabernacle qui semble avoir pris pour type le Saint des Saints dont Moïse environna l'Arche dans le désert. « Peut-être aussi, dit M. Albert Lenoir [1], était-ce une reproduction des *memoriæ*, petits édicules composés de quatre colonnes, surmontées d'un toit, que les premiers chrétiens élevèrent d'abord sur la sépulture des martyrs ensevelis hors des catacombes, ce qui fut fait pour S. Pierre et pour S. Paul. Ces édicules enveloppés ou reproduits plus tard dans les basiliques, auraient formé le *ciborium*. Cette décoration de tombeau était usitée chez les anciens, ainsi qu'on le voit sur les vases grecs, et comme l'indique Pausanias. »

L'empereur Justinien I, ayant rebâti l'église Sainte-Sophie de Constantinople, y fit construire un magnifique *ciborium* dont la coupole d'or était soutenue par quatre colonnes d'argent. Il supportait un globe d'or du poids de 118 livres, que surmontait une croix également en or, pesant 80 livres.

Anastase le Bibliothécaire énumère un grand nombre de ciboires donnés par les papes aux églises de Rome. Celui qu'Honorius I fit placer à Sainte-Agnès n'était qu'en airain doré ; mais c'est en argent que furent construits les *ciborium* offerts à Saint-Pancrace par ce même pape, à Saint-Paul par Grégoire II, à Saint-Chrysologue par Grégoire III, à Saint-Paul et à Saint-Pierre par Léon III.

En France, au IX<sup>e</sup> siècle, on s'empressa d'imiter ce qu'on avait vu à Rome. En revenant de cette ville, Aaron, évêque d'Auxerre, fit exécuter, pour l'autel de sa cathédrale, un ciboire d'or et d'argent. S. Angilbert fit venir d'Italie des colonnes de marbre pour servir de supports aux deux *ciborium*, enrichis d'or et d'argent, qu'il construisit à l'abbaye de Centule, dans l'église de Saint-Sauveur et dans l'église de Notre-Dame.

Nous venons de voir figurer l'or, l'argent, l'airain, le marbre dans les ciboires ; on y employa aussi le cuivre, l'ivoire, la pierre, le jaspe, le porphyre, le bois, la mosaïque et les émaux.

Leur forme a subi d'assez nombreuses modifications : ordinairement, c'est un couronnement plus ou moins pyramidal, supporté par quatre colonnes, exhaussées sur des piédestaux. Il arrivait parfois qu'au-dessous du grand édicule, il y en avait un plus petit, appuyant ses piliers sur l'autel lui-même. On l'appelait *peristerium* (de περιστέριον, *colombaire*), parce qu'il était destiné à abriter plus immédiatement la colombe eucharistique.

Au monastère de Saint-Benoît, près Subiaco, une fresque représente un autel dont le dais est en forme de cloche, à côtes alternativement roses et blanches. Dans l'inventaire de la chapelle d'Édouard III, roi d'Angleterre, on voit que l'autel du Saint-Sacrement était couvert d'un dais blanc et rouge, en forme de cloche ; l'étoffe était ornée d'aigles d'or, de petits saphirs et des insignes de l'Ordre de la Jarretière [1].

---

1. *Architecture monastique*, t. I, p. 199.

1. *Archæologia Britannica*, t. XXXI.

Au moyen âge, le *ciborium* fut souvent remplacé par une potence ayant la forme d'une grande crosse ou d'un arbre placé derrière l'autel. A l'aide d'une petite poulie, on faisait descendre ou monter à volonté la pyxide eucharistique qui y était suspendue.

Dans les temps modernes on trouve beaucoup de baldaquins, carrés ou elliptiques, garnis de pentes en étoffe, sans supports et suspendus à la voûte. Souvent lourds et disgracieux, ils rappellent le vulgaire ciel-de-lit des chambres à coucher.

En Normandie et en Touraine, on voit un certain nombre de baldaquins, faisant corps avec le retable et formant un quart de cercle, terminé par une galerie flamboyante. Tel est le baldaquin curviligne de l'église de Moutiers-Hubert, dans le Calvados ([1]).

Le *ciborium* était dominé par une croix ; à sa voûte on suspendait la custode eucharistique, ou bien une couronne, et plus tard une lampe. Des chandeliers, des reliquaires, des fleurs étaient placés sur le *ciborium* avant l'époque où on les mit sur l'autel lui-même.

M. Didron a considéré le baldaquin comme essentiellement italien et n'ayant pas été en usage dans la France au XIIIe siècle ([2]). M. le docteur Cattois, après vingt-cinq années de recherches et de voyages, a pu tout au contraire affirmer que la plupart des églises, dans toute l'Europe, ont eu leur principal autel surmonté d'un *ciborium* ; le dôme ou la flèche formait à l'autel comme une seconde couronne. Cet antique et noble usage fut à peu près abandonné en France au XIVe siècle, tandis qu'il persévéra en Allemagne et surtout en Italie. La Renaissance devait le remettre en honneur. De nos jours on se conforme un peu plus aux décisions de la Congrégation des Rites qui exige un baldaquin pour tous les autels où l'on célèbre, et surtout pour l'autel majeur et celui du Saint-Sacrement ([3]).

L'Italie est riche en *ciborium* du moyen âge et des temps modernes. A Rome, le plus ancien est celui de la chapelle Saint-Jérôme, à Sainte-Anastasie. Ceux de Saint-Laurent-hors-les-Murs et de Sainte-Marie au *Trastevere* datent du XIIe siècle ; ceux de Saint-Georges *in Velabro*, de Sainte-Marie *in Cosmedin*, de Sainte-Cécile *in Trastevere*, du XIIIe siècle; celui de Saint-Jean-de-Latran, du XIVe siècle ; ceux de Sainte-Agnès-hors-les-Murs, de Saint-Chrysogone et de Saint-Alexis, du XVIIe siècle ([1]).

A Saint-Georges en Vélabre, quatre colonnes en porphyre noir supportent une architrave sur laquelle s'élèvent huit petites colonnes de marbre blanc soutenant une corniche qui supporte elle-même un second rang de colonnettes sur un plan octogone. A Saint-Paul-hors-les-Murs, le *ciborium* daté de 1285, signé par les deux artistes Arnolfo di Lapo et Pierre Cavallieri, est soutenu par quatre colonnes d'albâtre oriental, offertes par Mehemet-Ali, vice-roi d'Égypte, et estimées à plus de 200,000 francs. Le baldaquin de Saint-Pierre du Vatican, œuvre capitale de Bernin (1633), a coûté 525,000 francs et contient 186,392 livres de bronze. Quatre colonnes torses supportent un entablement surmonté de quatre anges et couronné d'un amortissement dont la croix dorée s'élève à 81 pieds du sol.

Dans le reste de l'Italie, on remarque surtout le *ciborium* de la cathédrale d'Anagni (XIIe siècle), de Saint-Pierre de Corneto (XIIe siècle), de Saint-Ambroise de Milan (IXe ou Xe siècle), des cathédrales de Parenzo, de Pérouse et de Terracine, de Saint-Apollinaire *in classe* à Ravenne (IXe siècle), de Saint-Pierre et de Sainte-Marie de Toscanella (XIIe siècle), de Saint-Marc de Venise, etc.

Signalons, en Allemagne, les *ciborium* de Notre-Dame de Halberstadt (XIIIe siècle), de Sainte-Élisabeth de Marbourg, de Saint-

---

1. *Annuaire Normand*, 1868, p. 533.
2. *Annales archéol.*, t. XVI, p. 222,
3. 27 April. 1697.

1. Voir un article de Mgr Barbier de Montault dans la *Revue de l'Art chrét.*, t. XXIV, p. 296.

Étienne de Mayence (1509), de la cathédrale de Ratisbonne, de Saint-Étienne à Vienne, etc. ; en Angleterre, de Saint-Barnabé de Nottingham, et ceux des églises gothiques construites par M. Pugin ; en France, ceux du Val-de-Grâce et des Invalides, à Paris, d'une crypte antérieure au XI<sup>e</sup> siècle, à Chambéry ; ceux des églises de Bretagnolles et de Louversey (Eure), de Chassy et de Mornay-Bery (Cher), de Guyencourt (Somme), de La Chapelle-Rainsoin (Mayenne), de Saint-Jean de Maurienne, etc. Parmi les constructions modernes, nous nous bornerons à citer celles de la cathédrale de Bayonne, de Saint-Paul de Nîmes (œuvre de M. Questel), de Saint-Pierre de Montrouge (œuvre de M. Vandremer) et de la Sainte-Chapelle.

En Grèce et dans une grande partie de l'Orient (¹), les autels sont surmontés d'un *ciborium* en marbre dont les quatre colonnes s'appuient sur les angles de la table sacrée. L'un des plus remarquables était celui de Saint-Démétrius à Thessalonique (V<sup>e</sup> siècle). C'était un pavillon clos, d'argent ciselé, de forme hexagone, dont les six colonnes supportaient une coupole sommée d'un globe crucifère, orné de tiges de lis. Celui de Sainte-Sophie de Constantinople, dû à la libéralité de l'empereur Justinien I, était encore plus riche. Quatre colonnes de vermeil supportaient une voûte d'argent que surmontait un globe d'or du poids de 118 livres, entouré de lis d'or, d'où émergeait une croix du même métal, pesant 75 livres et étincelant des plus rares pierreries.

### 3. — Voiles et Courtines.

LES saints mystères devaient être soigneusement cachés aux yeux des catéchumènes, des Juifs et des païens qui pouvaient s'introduire dans l'église. Aussi attachait-on au ciborium des voiles qui cachaient l'autel pendant la consécration, et qu'on n'ouvrait que pour la communion des fidèles. Lorsque la loi de l'arcane n'eut plus de raison d'être, ces courtines persévérèrent comme un souvenir traditionnel et une marque de respect. Il est probable que chez les Latins, quand s'introduisit l'usage de l'élévation, on écartait les voiles en ce moment. Ces courtines, étant au nombre de quatre, s'appelaient *tetravela* (de τέτρα, quatre); on donnait aussi le nom de *dorsalia, dossalia* aux draperies pendantes : c'étaient souvent des étoffes précieuses, artistement travaillées, enrichies de figures tissées ou brodées à la main. Vers le XIII<sup>e</sup> siècle, on supprima le voile antérieur. Le concile de Cologne (1280) ne réclame des courtines que pour les côtés latéraux de l'autel.

Quand le *ciborium* disparut en France, il fut remplacé par des tringles horizontales, scellées aux colonnes et auxquelles on suspendit des courtines, excepté dans la partie antérieure. L'usage de ces courtines se conserva en Belgique au moins jusqu'au XVII<sup>e</sup> siècle. Au siècle suivant, il était devenu si rare en France, que Moléon, dans son *Voyage liturgique* (¹), l'a signalé comme existant encore dans une douzaine d'églises. A Saint-Étienne d'Auxerre, on fermait les rideaux au *Pater;* on les ouvrait à l'*Agnus Dei*, à Saint-Étienne de Sens ; depuis le *Sanctus* jusqu'après le *Pater*, à Notre-Dame de Rouen.

Les modernes églises catholiques d'Angleterre font revivre cette antique décoration. Elle a survécu en Orient où, de nos jours comme du temps de saint Jean Chrysostome (²), le rideau reste fermé depuis la préface jusqu'à la communion des fidèles.

Outre ces rideaux permanents, il y en avait qui ne servaient que dans certaines circonstances liturgiques.

Au moyen âge, le jour de Pâques, on couvrait l'autel pendant le premier nocturne, d'un voile noir; pendant le second, d'un voile gris-obscur; pendant le troisième, d'un voile rouge. Ces changements de couleur figu-

---

1. Il n'y a pas de ciborium en Arménie.

1. Pages 121, 157, 159, 169, 275, et 386.
2. Quand vous voyez tirer les rideaux, dit-il, pensez que vous voyez le ciel s'ouvrir et les anges descendre. *Homil. III in Epist. ad Ephes.*

raient la loi de nature, la loi de Moïse, et la loi de grâce sanctionnée par le sang de Jésus-Christ.

Pendant la Semaine-Sainte, on ne voilait pas seulement le crucifix, comme aujourd'hui, mais l'autel tout entier. Cet usage s'est conservé dans beaucoup d'églises d'Espagne et donne lieu à une cérémonie dramatique dont je fus témoin à la cathédrale de Séville, le 20 avril 1878. Le mercredi saint, au passage de l'Évangile où il est dit que le voile du Temple se déchira, un bruit formidable retentit dans l'église, des éclairs sillonnent la voûte, et le premier voile se déchirant tombe avec une telle rapidité qu'il m'a été impossible de me rendre compte des moyens employés pour produire ce coup de théâtre. A la messe du samedi saint, quand le célébrant entonne le *Gloria in excelsis*, le second voile noir du sanctuaire disparaît comme par enchantement et laisse apparaître l'immense retable ogival, si admirablement sculpté. Aussitôt des détonations d'artillerie éclatent dans les voûtes, les cloches de la *Giralda* se dédommagent de leur long silence, et les 3,500 tuyaux du buffet d'orgues laissent échapper, d'une voix triomphante, leurs chants les plus joyeux.

A Saint-Maurice d'Angers, le samedi saint vers le soir, l'autel était enveloppé d'un grand drap blanc, souvenir du linceul de Notre-Seigneur; on ne l'enlevait que lorsque la résurrection avait été annoncée par deux maires-chapelains, cachés derrière la tenture ([1]).

### 3. — Couronnes.

LES souverains faisaient parfois don aux autels des couronnes dont ils avaient ceint leur front ; mais le plus ordinairement c'étaient des couronnes qui n'avaient point servi. On les fixait à la voûte du *ciborium* au-dessus de l'autel. Cet usage, introduit à Byzance et à Rome par Cons-

tantin, devint général en Occident. La couronne d'or que Charlemagne donna à Saint-Pierre de Rome pesait, y compris les perles, 55 livres; celle de Saint-Clément, offerte par Léon IV, pesait 50 livres. Il y en avait aussi de petites, du poids d'environ deux livres, comme celles que Léon III donna à Saint-André et à Saint-Nérée. Les célèbres couronnes d'Agilulphe et de Théodelinde n'ont jamais orné la tête de ces souverains ; elles ont été faites pour être suspendues au-dessus de l'autel de Saint-Jean de Ravenne. Les chaînes attachées à chacune des couronnes de Guarrazar, au musée de Cluny, nous montrent de quelle façon ces œuvres de l'orfèvrerie gothique du VIIe siècle étaient suspendues.

La Chronique de l'abbaye de Saint-Riquier mentionne trois *ciborium* à chacun desquels était suspendue une couronne resplendissante d'or et de pierres précieuses.

En Grèce, on suspend autour de l'autel des œufs d'autruche. « Ce n'est point sans mystère, dit M. l'abbé Pougnet ([1]), car, assurait-on, pour couver ses œufs, l'autruche les regarde sans cesse; si elle venait à en détourner ses regards, ses œufs ne pourraient éclore, mais ils se gâteraient infailliblement : telle est la prière, dont l'intention doit toujours tendre vers Dieu; tel est encore le soin qu'il faut prendre pour éviter les distractions dont l'effet serait de détourner l'intention et de la rendre mauvaise, en la dirigeant vers les créatures. »

### 4. — Parements d'autel.

LES parements doivent leur origine aux voiles ou tapis précieux dont on entourait les autels pour préserver de la poussière les saintes reliques placées en-dessous. Il y a deux sortes de parements, les uns en matière dure (or, argent, vermeil, cuivre, ivoire, pierre, marbre, jaspe, porphyre, bois recouvert ou non de peintures, etc.) ; les autres en étoffes

---

1. Moléon, *Voy. liturg.*, p. 98.

1. *Annal. archéol.*, t. XXVI, p. 68.

(tissus d'or ou d'argent, soie, soie mêlée d'or ou d'argent, rehaussée de perles ou de pierres précieuses, satin, taffetas, gros de Naples, velours, drap, laine, lin, toile imprimée, cuir doré et gaufré, guipures, dentelles, perles ou jais appliqués sur de forts reliefs, etc.).

On a donné au parement, partie principale de ce qu'on appelait autrefois l'*habillement* de l'autel, les noms *d'antependium*, (qu'on écrit parfois à tort *antipendium*), *contre-table, contre-retable, devant d'autel, dossalia, dorsalia, facies altaris, palla, pallium,* (vêtement)—que les Italiens traduisent par *pala, palioto, — tobalea, tobalia, tovalia (touaille), tabula altaris, vestis* ([1]).

Les expressions *frontale* et *mantile* désignent plus spécialement l'orfroi horizontal qui orne la partie supérieure du parement.

Les écrivains ecclésiastiques ne manquent pas de mentionner les dons de parements qui avaient souvent une grande valeur vénale et artistique. L'empereur Justinien envoya au pape Hormisdas deux parements de soie pour orner l'autel des saints apôtres; le pape Adrien I en fit exécuter deux pour le grand autel de Sainte-Marie-Majeure, l'un de toile d'or garnie de pierreries, où était représentée l'Assomption de la sainte Vierge ; l'autre de soie, également à figures, avec une bordure d'écarlate. Le pape Léon III donna des parements d'autel en vermeil aux églises romaines de Saint-Grégoire, de Saint-André et de Sainte-Pétronille. Léon IV en offrit un d'argent, pesant 116 livres, à l'église Saint-Sylvestre. Celui que Paul I fit faire pour l'autel de Saint-Pierre était en drap d'or, orné de perles, avec une représentation du prince des apôtres, délivré de sa prison par un ange. Quand l'autel était isolé au milieu du chœur, on l'entourait entièrement de parements, ou tout au moins on en mettait par devant et par der-

rière ; quand il était appliqué contre un mur, tantôt on ne décorait que la face antérieure, tantôt aussi les côtés latéraux.

Au XIIIe siècle, les parements métalliques furent généralement remplacés par des *antependium* en étoffe, se composant d'une robe galonnée, tendue sur un châssis de bois, et d'un frontal frangé. Ce frontal était souvent recouvert par un second orfroi, ce qui se pratique encore aujourd'hui à la cathédrale de Bénévent ([1]).

Vers la fin du XVIe siècle, le nom et les armoiries du donateur sont souvent brodés sur les parements : ils sont décorés de galons, de franges, de médaillons peints. Des artistes en renom, tels que Tintoret, Zucchero, Vasari, n'ont pas dédaigné de s'appliquer à ce genre d'ouvrage. Parmi les sujets les plus fréquents, nous remarquons les sacrifices d'Abraham et de Melchisédec, l'Annonciation, la Nativité, l'Adoration des Bergers et des Mages, JÉSUS-CHRIST en croix, les instruments de la Passion, l'Ascension, la sainte Vierge et les douze apôtres, l'Assomption, des saints et des saintes, les vertus théologales, etc.

D'après les lois liturgiques, les parements, les jours de la semaine aussi bien que les fêtes et dimanches, doivent être de la couleur du jour. Ces prescriptions sont répétées dans les Missels français des XVIIe et XVIIIe siècles. Mais, on sait que ces couleurs variaient selon les diocèses. Ainsi, tandis que, dans le rite romain, le blanc est la couleur des confesseurs-pontifes, c'était le vert dans l'Église de Paris, le jaune dans celle d'Autun. Ces changements de parement exigeaient un peu de peine, et c'est ce qui contribua à en faire abandonner l'usage. On crut être autorisé à y renoncer, par cette raison que, malgré l'opinion de Quartus ([2]), ce ne fut jamais là une règle strictement obligatoire, et que les liturgistes les plus autorisés considèrent la rubrique

---

1. Quand Anastase le Bibliothécaire se sert du mot *vestis,* il faut entendre par là un parement d'autel ; mais quand il dit *vestis in altari* ou *super altare,* il s'agit d'une nappe d'autel.

1. Barbier de Montault, *Le trésor de la cathédrale de Bénévent,* ch. VI.
2. *In rubric. Missal.,* part. I, tit. XX, dub. 9.

du Missel, sur ce point, comme purement directive.

Peut-être d'ailleurs crut-on se conformer à l'esprit de la liturgie, en réduisant le grand parement d'autrefois au frontal en broderies, cousu ou épinglé sur la nappe d'autel, et pouvant servir à n'importe quel jour. Ces broderies, malheureusement, étaient déjà tombées en décadence au XVII⁰ siècle.

« A de rares exceptions près, dit M. de Farcy (¹), les personnages disparaissent ; les merveilleuses scènes qu'on y rencontrait au moyen âge sont remplacées par quelque pâle copie d'un tableau à la mode, souvent mal exécutée au petit point ou au passé. En revanche, voici des corbeilles de fleurs, des guirlandes enlacées de nœuds de rubans, des cornes d'abondance à profusion (comme sur un écran de feu ou un fauteuil) ; au milieu de tout ce fouillis, un cartouche avec un maigre chiffre de N.-S., ou bien une grande croix de Malte, avec un Saint-Esprit. Ces compositions, d'un goût douteux, surchargées de détails, laissent à peine voir le fond ; elles sont tantôt brodées au passé sur fond de couchure d'or ou d'argent, tantôt en tapisserie ou en jais. Ce dernier procédé est une innovation du XVII⁰ siècle, qui semble venir d'Italie ; le jais est très brillant, solide, et peu coûteux ; on en a tiré souvent un merveilleux parti au point de vue décoratif. On employait aussi beaucoup la toile peinte à l'huile et le cuir doré, pour les parements d'autel. Il serait toutefois injuste de ne pas reconnaître le mérite réel de quelques *antependium* de cette époque, par exemple de ceux qu'avaient envoyés les Ursulines d'Amiens à l'exposition de Lille ; ils sont d'une magnificence extraordinaire et d'une grande valeur artistique. Mais ce sont des exceptions très rares, quand on considère le nombre fort considérable de parements d'autel des XVII⁰ et XVIII⁰ siècles, qui existent encore ; presque tous sont d'une médiocrité incontestable. »

Quant aux parements métalliques, il ne faudrait pas croire que la Révolution seule soit coupable de les avoir détruits ; un bon nombre avaient disparu auparavant. Ainsi, le chapitre de la cathédrale d'Amiens vendit, en 1598, un magnifique parement d'argent pour subvenir aux misères causées par la peste et par la guerre (¹). En 1760, le chapitre de la cathédrale d'Angers vendit un parement en vermeil du XIII⁰ siècle pour solder les boiseries du chœur (²). Enfin, un certain nombre *d'antependium* ont été métamorphosés en retables et, pour recevoir cette nouvelle destination, ont subi des modifications plus ou moins regrettables.

Aujourd'hui l'usage des devants d'autel persiste à Rome, dans beaucoup d'églises d'Italie et à Lyon ; il a été rétabli dans quelques diocèses de France, notamment dans celui de Montauban. Ailleurs, l'autel n'est paré qu'aux jours de funérailles. Dans certaines paroisses rurales, les jours de fête, on déploie un mauvais goût vraiment déplorable, en appliquant des mousselines claires ou des dentelles sur percaline rose ou bleue, et en les émaillant de papier doré et de perles fausses.

Depuis une trentaine d'années, on fait en France de beaux parements en cuivre repoussé et doré. Mais on a le tort de les fixer à l'autel et de ne pas les réserver pour les grandes solennités.

Nous allons signaler un certain nombre des parements les plus remarquables conservés en Allemagne, en Angleterre, en Belgique, en Espagne, en France et en Italie.

**Allemagne et Autriche. — Aix-la-Chapelle.** De l'ancien parement d'autel, attribué à l'empereur Othon III (XI⁰ siècle), il ne reste que douze plaques d'or que l'empereur Guillaume a fait encadrer dans de riches bordures. Le Christ triomphant se trouve au centre de diverses scènes rela-

---

1. *Mélanges de décor. rel.* p. 50.

1. Manuscrits de Pagès, t. V, p. 469.
2. De Farcy, *L'ancien trésor de la cathédrale d'Angers.*

tives à la passion du Sauveur. — On voit, dans le même trésor, les panneaux démontés d'une autre *pala d'oro* du XVᵉ siècle, représentant tous les apôtres assis [1]. — COBLENTZ. Dans la collection de M. Finck, devant d'autel, en métal orné d'émaux, provenant de l'église de Landesdorf. — COLOGNE. A l'Hôtel-de-Ville, *antependium* émaillé, avec figures de saintes, en partie du XIIᵉ siècle, en partie du XIVᵉ siècle. Dans la collection Walraf, parement en métal, orné d'émaux. — DRESDE. Au musée du Grand-Jardin, deux devants d'autel en étoffe, l'un du XIIIᵉ siècle, figurant l'arbre de Jessé, l'autre du XIVᵉ siècle, brodé sur toile en soie et or, et représentant le couronnement de la sainte Vierge. — KLOSTERNEUBOURG. *Antependium* brodé au XIIᵉ siècle, représentant l'Annonciation. — MÜNSTER. Au musée de *Kunsvescin*, devant d'autel du XIIᵉ siècle, provenant du couvent de Sainte-Walburge, à Soast, en Westphalie ; il est en bois, avec figures peintes à l'eau sur fond doré. Le Rédempteur, tenant le livre des Évangiles, est accompagné, à droite du Précurseur et d'un saint archevêque de Cologne ; à gauche, de la sainte Vierge et de sainte Walburge. Quelques antiquaires rangent ce monument parmi les retables.— Goss (Autriche). Parement brodé du XIIᵉ siècle.—MONZA. Au maître-autel de la cathédrale, *paliotto* d'argent doré, œuvre de Borgino (1359), divisé en trois panneaux couverts de sculptures en bas-reliefs. — SALZBOURG. Parement brodé, au trésor de la cathédrale.

**Angleterre.** — LONDRES. A l'exposition de broderies de 1874, on remarquait plusieurs devants d'autel en broderie appliquée. La *Gazette des Beaux-Arts* en signalait spécialement un de velours rouge, travail italien du XVIᵉ siècle, appartenant à M. Spitzer : « Toute la partie décorative, qui est très importante, est entièrement brodée en application d'or et principalement de soie blanche, avec de légères parties retouchées à l'aiguille et au pinceau. Les sujets représentent, au centre, une Vierge-Mère ayant à sa droite S. Sébastien, et, à sa gauche, S. André [1]. » A la même exposition, se trouvait un chef-d'œuvre unique en son genre, appartenant à MM. Hailstone, de Wackefield ; c'est un parement en *point-coulé*, procédé primitif qui a été employé dans tous les pays du monde et jusque dans les Indes. « C'est là un poème, dit le *Journal Général des Beaux-Arts* [2], où se déroulent les souffrances et la mort ignominieuse d'un Dieu pour le salut des hommes, et, après sa chute volontaire et rédemptrice, son entrée triomphante dans le séjour divin, où, d'accusé et de victime, il est devenu le juge suprême, plein de gloire et de majesté. En tout, 56 personnages, dont les poses et les physionomies très archaïques, naïves et informes même, attestent leur haute ancienneté. Malgré cette grossièreté de lignes, l'ensemble ne manque pas d'élégance et d'harmonie : nous y constatons, en tout cas, beaucoup d'imagination, de cachet et d'originalité. Les lettres sont à jour, de même que les zigzags superposés qui ornent les colonnes. » — STEEPLE-ASTON (Oxfordshire). Devant d'autel du XIIIᵉ siècle, où sont brodés le portement de croix et le martyre de nombreux saints. — WESTMINSTER. A l'abbaye, *antependium* du XIIIᵉ siècle, peint sur fond d'or, avec des bordures ornées d'or, de cristaux, de pierres incrustées et de verres de couleur.

**Belgique.** — BRUGES. A Notre-Dame de la Poterie, parement en tapisserie, représentant l'Adoration de JÉSUS par la sainte Vierge, S. Joseph, les anges, les bergers, les donateurs et leurs patrons. — BRUXELLES. A Notre-Dame du Sablon, *antependium* en cuir gaufré, production malinoise du XVIIᵉ siècle. — GAND. La collection, aujourd'hui dispersée de M. Onghena contenait un

---

1. Barbier de Montault, *Le trésor du dôme d'Aix-la-Chapelle*, p. 16.

1. *Gazette des Beaux-Arts*, 2ᵐᵉ part., t. XI, p. 247.
2. Nᵒ du 12 août 1874, p. 41.

parement du XIIIᵉ siècle, exécuté en soie et en or de Chypre, représentant deux scènes de la vie d'un évêque martyr et deux épisodes de la vie de S. Jean l'Évangéliste. — Liège. A Saint-Martin, frontal d'*antependium* dont les broderies (XIVᵉ siècle) reproduisent dix-neuf épisodes de la vie de S. Martin. — Lierre. A Saint-Gommaire, deux devants d'autel, en velours rouge, du XVIᵉ siècle. — Tournai. A la cathédrale, *antependium* brodé en soie et or, figurant un arbre de Jessé.

**Espagne et Portugal.** — Il y a des *antependium* en argent à la cathédrale de Cordoue, à San-Lorenzo de Pampelune. Celui de la cathédrale de Gerona est l'œuvre de Petro Barners, de Valence, qui l'acheva en 1358. — Luz (Portugal). Devant d'autel en satin blanc avec frontal rouge et or, où se voient les armoiries de l'infante Dona Maria, fille de don Manoël (1553).

**France.** — Abbeville. A Saint-Vulfran, devant d'autel en bois (XVᵉ siècle), dont les peintures représentent la résurrection des donateurs et le Jugement dernier. — Amiens. Les Ursulines possèdent un magnifique devant d'autel, œuvre de leurs anciennes sœurs (XVIIᵉ siècle). Sur des fonds en or de Chypre, se détachent divers genres de broderies, en or filé, en argent, en soie, en relief, avec pierres précieuses. Les cinq compartiments renferment les figures de la sainte Vierge, de la Charité, de la Foi, d'un évêque et d'un martyr. — Cuy (Yonne). Parement formé d'une tapisserie en moquette et jais blanc (XVIIᵉ siècle). — Dijon. Au musée, parement en stuc, exécuté en 1674, pour décorer l'autel où était placée l'hostie miraculeuse de la Sainte-Chapelle de Dijon. On y voit représenté l'ostensoir qui contenait l'hostie envoyée en 1433 par le pape Eugène IV à Philippe-le-Bon. — Esves-le-Moutier (Indre et Loire). Devant d'autel, sculpté en bois et doré, provenant de l'église Saint-Saturnin de Tours. Le mo-

nogramme placé au centre paraît être celui de Marie de Médicis; les statues de la Foi et de la Religion sont des additions du règne de Louis XV. — Frigolet (Bouches-du-Rhône). A la chapelle de Saint-Michel, *antependium* en cuir doré et peint. — Paris. On conserve au musée du Louvre le parement d'autel que Charles V offrit à la cathédrale de Narbonne. C'est un grand morceau de soie blanche dont les peintures en grisailles sont exécutées à la plume pour le trait, au pinceau pour le modelé. Les principaux sujets représentent les scènes de la Passion. Charles V et sa femme sont agenouillés devant un prie-Dieu. — Au musée de Cluny, parement d'autel en or, donné par l'empereur Henri II, en 1019, à la cathédrale de Bâle. Hauteur, 1 m ; largeur, 1 m. 78 c. Les cinq arcades de la façade contiennent les figures du Christ, aux pieds duquel sont prosternés Henri II et sa femme Cunégonde, de S. Benoît, des archanges Michel, Gabriel et Raphaël. Quatre médaillons, placés au-dessus des cintres, figurent les quatre Vertus cardinales, exécutées au repoussé et retouchées au burin. Deux vers léonins, mélange de latin, de grec et d'hébreu, témoignent de la piété reconnaissante de l'empereur envers S. Benoît :

*Quis sicut Hel fortis medicus soter? Benedictus,*
*Prospice terrigenas clemens mediator usias* (1).

Cet autel, que l'académie des Beaux-Arts de Milan a estimé valoir plus de 150,000 francs, ne serait pas un véritable parement selon M. Viollet-le-Duc, mais un retable mobile. — Sens. Au XVᵉ siècle, de magnifiques tapisseries d'or et d'argent servaient de parement au maître-autel. — Versailles. A la bibliothèque, parement en soie rouge couverte d'ornements de feuillages, formés de broderies en jais blanc et en pierre de couleur.

---

1. M. Labarte (*Histoire des arts industriels*, 2ᵉ éd., t. I, p. 385) traduit ainsi : « Quel médecin fait des miracles comme le Seigneur. Benoît, regarde, médiateur clément, les êtres terrestres ! »

Des parements en étoffe, plus ou moins remarquables, sont conservés à l'église Saint-Vaast de Bailleul, au musée de Soissons, dans les collections de M. Basilewski et de M. L. Gauchez à Paris, de M. de Farcy à Angers, de M. Favier à Douai, de M. Quenson à Saint-Omer, etc.

**Italie.** — Citta di Castello. A la cathédrale, parement d'argent du XII<sup>e</sup> siècle, exécuté probablement par des artistes grecs qui se trouvaient alors en Italie. — Florence. Le *paliotto* d'argent du baptistère, commencé en 1366, est l'œuvre d'assez nombreux artistes qui se succédèrent en rivalisant de talent. Le centre est occupé par la statue de S. Jean-Baptiste, œuvre de Michelozzi (1451). Les sujets des bas-reliefs sont empruntés à la vie du Précurseur. Dans diverses églises de Florence, on remarque des peintures sur bois, datant la plupart de la Renaissance, et servant *d'antependium*. — Milan. Le célèbre *paliotto* de l'église Saint-Ambroise fut exécuté en 835, par Wolvinius, comme le témoigne cette inscription : *Wolvinius magister phaber*. C'est un carré long dont la façade principale est revêtue de lames d'or et dont les trois autres côtés sont en argent, le tout ornementé d'émaux et de pierreries. La face antérieure se divise en trois panneaux : au centre, on voit le Christ sur son trône et les douze apôtres; à droite et à gauche, six bas-reliefs figurent la vie de Jésus-Christ. La face postérieure, consacrée à la vie de S. Ambroise, offre en outre quatre médaillons où l'on voit S. Michel, Angilbert II, archevêque de Milan, offrant cet *antependium* à S. Ambroise, et l'orfèvre Wolvinius s'inclinant devant ce saint archevêque. Les faces latérales sont décorées de bas-reliefs exécutés au repoussé, représentant des anges et des bustes de saints. On lit les vers suivants sur les bandes lisses qui encadrent les panneaux de la partie postérieure :

*Emicat alma foris, rutiloque decore venusta*
*Arca metallorum, gemmisque compta, coruscat.*

*Thesauro tamen hæc cuncto (potiore) metallo,*
*Ossibus interius pollet donata sacratis.*
*Egregius quod præsul opus sub honore beati*
*Inclytus Ambrosii templo recubantis (in) isto*
*Obtulit Angilbertus ovans, Dominoque dicavit,*
*Tempore quo nitidæ servabat culmina sedis.*
*Aspice, summe pater, famulo miserere benigno,*
*Te miserante, Deus, donum sublime reportet.*

— Pistoja. Le parement de l'autel Saint-Jacques, à la cathédrale, est l'œuvre du célèbre orfèvre Andrea d'Ognabene (1316) ; mais les panneaux des côtés furent ajoutés en 1357 et en 1371 ; quinze bas-reliefs, disposés en trois rangées horizontales, représentent diverses scènes de l'Évangile. Six statuettes de Prophètes encadraient latéralement le *paliotto*. — Rome. A Saint-Jean-de-Latran, parement d'autel en broderie, portant les armes de Benoît XIV et un médaillon d'or contenant les effigies des bienheureux que ce pape canonisa le 29 juin 1749. Ce parement brodé à Rome, a coûté 75,000 francs (¹). — La basilique de Saint-Pierre possède aussi un grand nombre de riches *antependium* qui furent donnés, la plupart, à l'occasion des fêtes de canonisation : aussi représentent-ils les effigies des nouveaux saints. — Venise. A Saint-Marc, célèbre *pala d'oro* qui sert aujourd'hui de retable au maître-autel; c'est un rectangle de 2 m. 10 c. de haut, sur 3 m. 15 de large. Quatre-vingt-trois tableaux d'émail sur fond d'or sont encadrés par des bordures décorées de pierres fines et de médaillons ciselés. Dans la partie supérieure, on voit l'archange S. Michel, le Crucifiement, la Descente de Jésus aux Enfers, l'entrée du Christ à Jérusalem, l'Ascension, la Pentecôte, la Sépulture de la Vierge. Dans la partie inférieure, on remarque les figures du doge Ordelafo Faliero, de l'impératrice Irène, d'anges, de prophètes, des douze apôtres, de divers saints, et des sujets tirés de la vie et de la passion de Jésus-Christ. Les pierres précieuses sont au nombre de 1339, et les perles de plus

---

1. Barbier de Montault, *L'archéologie à l'expos. de Rome*, ch. IX.

de 1200. On n'est point d'accord sur l'origine et la date de ce parement. D'après M. Labarte ([1]), la partie supérieure actuelle composait la *pala* que le doge Orseolo fit exécuter à Constantinople à la fin du X<sup>e</sup> siècle ; les autres plaques d'émail auraient été ajoutées par le doge Faliero, en 1105, lorsqu'il fit convertir le parement d'autel en retable ; enfin, la plupart des dispositions architecturales du monument et de ses encadrements seraient dues au doge Andrea Dandolo (1345). Ce chef-d'œuvre d'émaillerie, orné d'inscriptions grecques et latines, est estimé valoir environ quatre millions.

Les anciens écrivains grecs ne font pas mention de parements d'autel ; on n'en rencontre pas en Orient.

### 5. — RETABLES.

ON donne le nom de *retable* à l'espèce de panneau peint ou sculpté qui est posé verticalement sur l'arrière de la table d'autel. On dérive généralement le mot *retable* de *retro* (en arrière) et de *tabula* (table). Nous croyons plutôt que *retable*, qu'on écrivait jadis *rez-table*, vient de la basse latinité *rasus* (ras) dans le sens où l'on dit *rez-terre*, *rez-de-chaussée*, *au ras de l'eau*. C'était, en effet, une décoration que l'on plaçait immédiatement sur l'autel, et par conséquent au niveau, *au ras* ou *au rez* de sa table.

Quelques écrivains, surtout au siècle dernier, donnaient le nom de *retable* aux *predella* ou petits gradins de l'autel, et celui de *contre-autels*, *contre-table* ou *contre-retable*, au lambris dans lequel est enchâssé un tableau ou un bas-relief et contre lequel est adossé le *retable*, c'est-à-dire les gradins. Cette terminologie n'est plus guère d'usage aujourd'hui.

On donne le nom de *triptyques* ou de *polyptyques* aux retables en bois, décorés de peintures, qui se composent de trois volets ou d'un plus grand nombre.

Dès la fin du X<sup>e</sup> siècle, à certains jours de fête dont on voulait rehausser l'éclat, on plaçait verticalement sur l'autel des retables mobiles, c'est-à-dire des panneaux peints ou sculptés, en métal, en ivoire, en pierre ou en bois. Hauts d'environ 60 centimètres, ils étaient ornés de petites figurines, encadrées dans des arcades et disposées sur un seul rang. Souvent c'étaient des diptyques ou des triptyques en ivoire, avec encadrement de marqueteries ; c'est-à-dire deux ou trois tablettes distinctes qu'on pouvait, à l'aide de charnières, plier l'une sur l'autre. On donnait à ces décorations mobiles le nom de *tables d'autel*, *rez-de-table*, *chapelles portatives*.

On a dit à tort que leur usage avait cessé complètement au XIV<sup>e</sup> siècle, car les inventaires nous montrent qu'ils ont persévéré jusqu'au XVIII<sup>e</sup>, dans un certain nombre d'églises et surtout de cathédrales qui, conservant leur autel-majeur isolé, n'admirent point les grands retables fixes ([1]). Les retables fixes, c'est-à-dire adhérents à l'autel, apparurent au XII<sup>e</sup> siècle. Tandis qu'en France, à cette dernière époque, ils restent peu élevés, ayant souvent la forme d'un rectangle surélevé au centre, ils prennent déjà de vastes proportions en Italie, en Espagne et en Allemagne.

Avant le XIV<sup>e</sup> siècle, dans les cathédrales, il n'y avait point de retable à l'autel-majeur, parce qu'il aurait empêché de voir l'évêque et les membres du clergé ; mais, quand le trône de l'évêque fut déplacé, on commença à mettre sur l'autel de petits retables portatifs. Ce n'est guère qu'au XVI<sup>e</sup> siècle qu'il fut décoré d'un grand retable, alors qu'au lieu de rester isolé, il fut appliqué contre un mur ou contre l'arcade centrale de l'hémicycle.

Au XV<sup>e</sup> siècle et surtout au XVI<sup>e</sup>, les retables fixes se multiplient dans toutes

---

1. *Hist. des arts industr.*, 2<sup>me</sup> éd., p. 11.

1. Il y avait encore des retables mobiles au XVII<sup>e</sup> ou au XVIII<sup>e</sup> siècle dans les cathédrales de Clermont, de Reims, de Sens, à la Chartreuse de Dijon, à Notre-Dame de Beaune, à la chapelle de la Trinité de Fontainebleau, etc.

les églises et deviennent bientôt comme un accessoire indispensable de l'autel.

Les matières les plus diverses ont été employées pour cette décoration. Jusqu'à la fin du XII⁶ siècle, les petits retables mobiles sont en ivoire ou bien en métal orné d'émaux et de pierres précieuses. Au XII⁶ siècle et pendant une grande partie du XIV⁶, la pierre domine ; à la fin du XIV⁶ et au XV⁶, le bois et l'albâtre obtiennent la préférence. Au XVI⁶, les marbres rares et précieux étalent leur faste dans les grandes églises, quand toutefois la peinture ne l'emporte pas sur la sculpture.

« Entre les années 1360 et 1400, dit M. Victor Gay (¹), il a existé dans un endroit que je ne suis pas en mesure de préciser, mais que je soupçonne au pied du Mont Jura et dans les environs de Saint-Claude, des ateliers de sculpture en albâtre d'où sont sortis une prodigieuse quantité de retables d'autels, historiés des scènes de la Passion ou d'épisodes relatifs à la vie des saints. Ces figures sont originairement peintes et rehaussées d'or. Leur diffusion à l'époque précitée, dans toutes les provinces, semble même un obstacle à la recherche de leur origine ; mais on doit les supposer faites dans un lieu unique et voisin des carrières d'albâtre dont le nombre est en France assez restreint. »

On a aussi employé, en guise de retables, des tapisseries historiées qu'on appliquait à certains jours de fête contre le mur, au-dessus de l'autel. Il en est encore ainsi aujourd'hui à la Chapelle Sixtine. Ailleurs, cet antique usage n'est plus rappelé que par le drap mortuaire qu'on suspend au-dessus de l'autel pour les grands enterrements.

Après avoir parlé des noms, de l'origine et de la matière des retables, nous devons signaler leurs principales formes.

A partir du XV⁶ siècle, les retables perdirent leur ancienne simplicité : les lignes droites horizontales furent souvent remplacées par des lignes courbes; les comparti-

ments s'agrandirent et se superposèrent pour représenter soit des scènes évangéliques et surtout la Passion, soit la légende du saint auquel l'autel était consacré. L'invention de la peinture à l'huile fit exécuter de grands tableaux qu'on plaça souvent dans l'endroit le plus en vue, c'est-à-dire dans le fond du sanctuaire. Ce fut un des motifs qui firent reculer l'autel contre cette décoration qui l'embellissait.

En Allemagne et en Espagne, la peinture et la sculpture font une heureuse alliance. Tantôt ce sont des renfoncements destinés à recevoir des décorations picturales, tantôt ce sont des volets, peints intérieurement et extérieurement qui recouvrent les parties sculptées, et qu'on n'ouvre que pendant les offices.

On voit, à la même époque, beaucoup de petits retables en albâtre, représentant des scènes de la vie de Jésus-Christ, encadrées dans une ornementation gothique; en général l'exécution en est assez médiocre; la peinture y joue un rôle très accessoire; les dorures sont réservées pour les barbes, les cheveux, les orfrois des vêtements et quelques détails d'architecture.

Au commencement du XVI⁶ siècle, les seigneurs et les châtelains rivalisaient de zèle pour décorer d'un retable l'église de leur paroisse. Vers le milieu de cette époque, les panneaux peints remplacent fréquemment les scènes sculptées.

A la Renaissance, les retables prirent la forme de portiques couronnés de frontons ; le fond est occupé par une vaste toile peinte, les arcades abritent des statues et parfois des reliquaires, les parties sculptées sont rehaussées par des peintures et des dorures; la frise porte une inscription qui indique le titulaire de l'autel ou qui exprime une pieuse pensée. Cet ensemble, d'un effet un peu théâtral, monte souvent jusqu'à la voûte, bouche la fenêtre du chevet, surtout dans les campagnes. On peut fréquemment reprocher à ces monuments une ornementation incohérente, des dimensions disproportionnées avec l'autel, le mauvais goût de

---

1. *Glossaire archéologique du moyen âge.*

certains détails, une alliance regrettable du profane et du sacré, un désaccord criant avec le style général de l'édifice ; mais parfois aussi ce sont des œuvres d'art d'une réelle valeur.

Au XVIII<sup>e</sup> siècle, le retable est quelquefois remplacé par une immense gloire en cuivre doré, en bois et même en plâtre, dont le centre est occupé par le Père éternel, par la Trinité ou par le Saint-Sacrement. A la cathédrale d'Amiens, c'est le Saint-Sacrement lui-même, renfermé dans une colombe, qui se trouve entouré de rayons et qu'environnent des anges adorateurs.

Nous ne saurions avoir la prétention de déterminer quels sont les plus beaux retables de l'Europe. Nous voulons seulement en indiquer un certain nombre, remarquables par leur antiquité ou leur valeur artistique, en Allemagne, en Angleterre, en Belgique, en Espagne, en France et en Italie.

**Allemagne et Autriche.** — Cologne. Dans une chapelle absidale de la cathédrale, triptyque peint par maître Stephan (XIV<sup>e</sup> siècle), provenant de l'ancienne chapelle de l'hôtel de ville; à la chapelle Sainte-Claire de la même cathédrale, polyptyque dont les peintures sont attribuées à maître Wilhem de Cologne (XIV<sup>e</sup> siècle.) — Au musée, retable du XII<sup>e</sup> siècle, richement émaillé, provenant de Sainte-Ursule, dont tous les personnages ont été remplacés, au XIV<sup>e</sup> siècle, par des sujets peints sur fond d'or.—L'église Saint-Pierre possède un retable en bois sculpté et peint du XV<sup>e</sup> siècle —Fribourg-en-Brisgau. A la cathédrale, un retable en grès bigarré, véritablement colossal et pourtant d'une légèreté extraordinaire, s'élève jusqu'au sommet des fenêtres absidales. — Klosterneubourg, près de Vienne. On voit dans l'église abbatiale un splendide retable d'orfèvrerie, daté de 1181. Cinquante et une plaques de cuivre émaillé mettent en parallèle les sujets historiques de la Nouvelle Loi et les sujets figuratifs de l'An-

cienne; entre ces représentations, se trouvent vingt-deux anges, vingt-deux prophètes et quatorze Vertus. Cette œuvre magnifique, qui servit d'abord de parement d'autel, a été exécutée par un artiste français, Nicolas de Verdun, et commandée par le sixième prévôt de l'abbaye, comme l'indique l'inscription suivante :

*Anno. milleno. centeno. septuageno.*
*Nec. non. undigeno. Ghivernhervs. corde. sereno.*
*Sextus. prepositus. tibi. virgo. Maria. dicavit.*
*Quod Nicolavs. opvs virdvnensis. fabricavit.*

Munich. A la Riche-Chapelle, dans le palais de l'ancienne Résidence, retable tout en ébène, incrusté de trente-deux bas-reliefs en argent, exécutés au repoussé, dont tous les sujets sont empruntés à l'histoire de la Passion. Ce travail terminé en 1607, fut l'œuvre d'orfèvres d'Augsbourg.— Il y a de fort beaux retables aux cathédrales d'Aix-la-Chapelle, de Coblentz, de Schleswig (1521); dans les églises de Saint-Ulrich à Augsbourg, de Blœubeuron (Saxe), de Calcar (Prusse-Rhénane), de Saint-Kilian d'Heilbronn, de Saint-Jacques de Rhotembourg (1466), de Xanten (Prusse-Rhénane), etc.

**Angleterre.** — Westminster. A l'ancienne église abbatiale, retable mobile du XIII<sup>e</sup> siècle, accroché, en guise de tableau, dans le bas-côté sud du chœur. Ce panneau a 3<sup>m</sup>30 c. de longueur sur 0<sup>m</sup>96 c. de hauteur. « Il se compose, dit M. Viollet-le-Duc [1], d'un parquet de bois à compartiments et sculpté, entièrement revêtu de velin collé à la colle de fromage, couvert de gaufrures dorées, de plaques de verre, faisant des dessins d'or sur couleur, d'une extrême finesse, et de peintures d'un beau style. Le moine Théophile, dans son *Traité de divers arts*, parle longuement de ce genre de décoration, appliqué sur panneaux de bois. C'est un objet peut-être unique en Europe et qui permet, en l'étudiant avec soin, de ressusciter un genre de fabrication entièrement oublié aujourd'hui, produisant les effets les plus splendides avec des moyens très simples. »

---

1. *Dict. du mobilier français*, t. I, p. 234.

Il y a de fort beaux retables à la chapelle d'Albon Towers (Comté de Stroff), à la cathédrale de Durham, à Sainte-Marie d'O-veries (Southwark), à l'église abbatiale de Saint-Alban, à la cathédrale de Winchester, etc.

**Belgique.** — BUVRINNES. Retable en bois du XVI⁰ siècle, dont les six compartiments représentent diverses scènes de la vie de S. Pierre, patron de la paroisse. — NOTRE-DAME DE HAL. Œuvre magnifique en albâtre, exécutée en 1533, par Jean Mone, mais où l'on doit déplorer le sensualisme de la Renaissance. — GAND. A la cathédrale, le chef d'œuvre des frères Van Eyck, l'Adoration de l'Agneau était originairement un retable polyptyque : on sait qu'il est aujourd'hui dépouillé de ses volets dont s'est enrichi le musée de Berlin. — HEREN-THALS. Œuvre de Barthélemy Van Raephorst (XVI⁰ siècle), représentant l'histoire de S. Crépin et de S. Crépinien. — MEGEN. L'ancien retable du monastère des Clarisses fait aujourd'hui partie du cabinet de M. le comte Maurin Nahuys, membre de l'Académie d'archéologie d'Anvers. C'est un chef-d'œuvre de sculpture et de peinture bruxelloise, représentant l'Annonciation, la naissance du Sauveur, la Circoncision, la Présentation de la sainte Vierge au Temple et l'Adoration des Mages.

Signalons encore les retables de la cathédrale de Bruges, des églises de Boendael, Boussu, Estines-au-Mont, Deerlyk, Naekendover (XIV⁰ siècle), Hemelveerdegem, Nulshout, Oplinter, Schoonbroeck, Villers-la-Ville; de Sainte-Dimphne, à Gheel (XIV⁰ siècle), de Saint-Léonard de Léau (XV⁰ siècle), de Notre-Dame de Lombeck, de Saint-Denis à Liège, de Notre-Dame et du Béguinage de Tongres; des musées d'Arlon, de Bruxelles et de Namur.

**Espagne.** C'est surtout le pays des gigantesques retables, où sont sculptés parfois des milliers de personnages. Bornons-nous à citer ceux des cathédrales de Barcelone, de Burgos, de Cordoue, de Grenade, de Pampelune, de Sarragosse, de Séville, de Tarragone, de Tolède, de Valence, etc. Les retables des églises hispano-américaines, par leur faste et leurs dimensions, rappellent ceux de l'Espagne. Celui de Santo-Domingo, à Lima, est tout en argent.

**France.** — AIX. A l'église des Pénitents, retable en bois, de 1515, dont les statues en ronde-bosse et de grandeur naturelle représentent le Calvaire et la mise au sépulcre. De mauvaises restaurations ont supprimé le paysage, les astres et les anges. — AUXERRE. Au musée, deux retables, l'un en pierre, du XI⁰ siècle, provenant de l'église conventuelle de Crisenon, et contenant, en huit tableaux sculptés, les principaux faits de la naissance et de l'enfance de JÉSUS-CHRIST ; l'autre, en bois, du XVI⁰ siècle, provenant de Lucy-sur-Cure et représentant, en figures de haut-relief, les scènes de la mort, de la sépulture et du couronnement de la sainte Vierge. — AVIGNON. Dans une chapelle de l'église Saint-Didier, riche retable en marbre sculpté, don du roi René aux Célestins de cette ville. On y remarque surtout les statues de S. Pierre Célestin et du B. Pierre de Luxembourg. — BEAUNE. Le célèbre tableau — retable de l'hôpital, attribué longtemps à Jean van Eyck, est l'œuvre de son meilleur élève, Roger Van der Weyden. Ce polyptyque représente le Jugement dernier. — CARRIÈRE-SAINT-DENIS (Seine). Son retable est peut-être le plus ancien retable fixe de la France ; il est en pierre de liais et date du XII⁰ siècle. Ses trois compartiments représentent la Vierge-mère, l'Annonciation et le Baptême de Notre-Seigneur. — DIJON. Au musée, deux curieux retables portatifs, exécutés en 1391, par Jacques de Baerze, artiste flamand, pour l'ancienne chartreuse de Dijon. Les peintures sont attribuées à Melchior Broderlain, peintre du duc Philippe-le-Hardi. Parmi les figures placées dans les niches de l'intérieur du premier retable, on remarque surtout un saint Georges terrassant le dragon, complètement équipé comme l'était un chevalier du XIIᵉ siècle. — PARIS. A Saint-Germain l'Auxerrois, beau retable en bois sculpté de la dernière époque du style ogival. — PERPIGNAN. Le plus beau des retables de la cathédrale est celui, tout en marbre blanc, du maître-autel, exécuté en 1620, par Soler, artiste barcelonais. — SAINT-DENYS. A l'ancienne église abbatiale, beau retable portatif du XIIᵉ siècle, en cuivre repoussé et émaillé, provenant de Coblentz. On y voit le CHRIST bénissant, en buste, et les douze apôtres assis, figures de ronde-bosse, en cuivre doré, avec des nimbes en émail et une flamme qui descend sur chaque nimbe. — SAINT-MAXIMIN (Var). Autel et retable de la Renaissance, dont les peintures offrent un vif intérêt pour l'étude de l'iconographie. Vingt-deux compartiments représentent la passion de Notre-Seigneur; ces peintures portent la date de 1520. Le nimbe de Judas est une simple ligne noire, privée de tout rayon lumineux ; la Madeleine se sert d'une plume pour oindre les plaies du Sauveur; les apôtres sont chaussés de sandales. Comme le dit fort bien M. Rostan (¹) : « C'est un écho prolongé du gothique, un dernier parfum, si l'on veut, des siècles de foi, mêlé déjà aux brises païennes qui se lèvent à l'horizon. » — SENS. En 1760, sur la demande de Louis XV, on livra à la monnaie le magnifique retable d'or du maître-autel de Saint-Étienne de Sens. Cette *table d'or*, c'est le nom qu'on lui donnait, était un don de Seguin, archevêque de Sens à la fin du Xᵉ siècle. Les figures en bosse représentaient Notre-Seigneur couronné par deux anges, la sainte Vierge, S. Jean-Baptiste, les quatre Évangélistes, etc. Des filigranes d'or et des pierres précieuses rehaussaient encore la richesse de ce retable qu'on ne découvrait que deux fois par an, aux deux fêtes de Saint-Étienne.

1. *Bullet. arch. publié par le Comité hist. des arts et mon.*, t. IV, p. 442.

La Normandie est la province la plus riche en retables. Citons, dans le Calvados, Blangy ; dans l'Eure, la Selle de Vaudreuil, Pont-de-l'Arche et Rotes ; dans la Manche, Avranches et Pontorson; dans la Seine-Inférieure, le Lycée et Saint-Remy de Dieppe, Fécamp, Gournay, Graville, Harfleur, Hautot-l'Auvray, Livry, Montivilliers, Notre-Dame et Saint-Nicaise de Rouen, Saint-Saens, etc.

Pour les autres contrées de la France, nous nous bornerons à mentionner les retables de Saint-Paul d'Abbeville, de la chapelle des Pénitents-Gris, à Aigues-Mortes, d'Arles-sur-Tech (1647), de Saint-Pierre de Bordeaux, de Brou (XIVᵉ siècle), de Cernay (Marne), de Champallement (Nièvre), de Chaource (Aube), de la chapelle du collège de Chaumont, de Saint-Aré à Decize et de Dornes (Nièvre), de Saint-Malo à Dinan, de la Ferté-Bernard (Sarthe), de Mareuil-en-Brie et de Mesnil-Hurlus (Marne), de Marissel (Oise), de la cathédrale de Marseille, de Saint-Cyr, de Nevers, de la cathédrale de Noyon, de la chapelle du château de Pagny (Côte-d'or,) de Poisay-le-Sec (Vienne), de Saint-Front de Périgueux, de Plessy-Placy (Seine-et-Marne), de la chapelle du Saint-Lait, à la cathédrale de Reims, de Rumilly-les-Vandes (Aube), de Saint-Bertrand de Comminges, de Saint-Malo, de Saint-Thibaud (Côte-d'Or), de Saint-André de Troyes, de Vic-le-Comte (Puy-de-Dôme), etc.

Un grand nombre de retables ont été détruits ou supprimés, uniquement pour dégager la fenêtre absidale qu'on voulait garnir de vitraux peints. Plusieurs d'entre eux ont trouvé un refuge dans les musées et les collections particulières. On en voit de fort beaux dans les musées du Louvre, de Cluny, de Rouen, etc. ; dans les collections de MM. Basilewski, de Farcy, O. de la Saussaye, etc.

**Italie.** — FIESOLE. A la cathédrale, le retable de l'autel est composé de panneaux peints par Frà Angelico. — LUCQUES. A l'église San-Frediano, retable en marbre, de 1422, chef-d'œuvre de Jacopo della Quercia. — PAVIE. Celui de la Chartreuse, dont les dimensions sont considérables, est attribué à Bernardi del l'Uberriaco (XIVe siècle). — PISTOJA. Le retable en argent de la chapelle Saint-Jacques, à la cathédrale, fut exécuté en 1287, et enrichi par des artistes des siècles suivants, entre autres, Nofri de Buto et Alto Braccini. On croit que les deux demi-figures de prophètes dont il est orné sont dues au ciseau de Brunelleschi. — ROME. Parmi ses plus beaux retables, on remarque ceux du Gesù, de la Minerve, de Saint-Grégoire au *Cœlius*, de Saint-Ignace, de Saint-Laurent-hors-les-Murs, de Saint-Pierre du Vatican, de Saint-Silvestre *in capite*, de Sainte-Agnès de la place Navone, de Sainte-Balbine, de Sainte-Marie-de-la-Paix, de Sainte-Marie-du Peuple ; ceux des Musées de Latran et du Vatican. — VENISE. La *pala d'oro* de Saint-Marc dont nous avons parlé, sert aujourd'hui de retable et s'élève à un mètre environ, en arrière de l'autel ; un autre retable de cette église, entièrement peint sur fond d'or, a été exécuté à Constantinople, vers la fin du Xe siècle, sur le modèle de celui de Sainte-Sophie ; à l'église Saint-Sauveur, on voit un grand retable d'argent, du XIVe siècle, divisé en trois étages dont les niches contiennent les figures du donateur, des Évangélistes, de la Vierge, de divers saints, et la scène de la Transfiguration.

## 6. — TABERNACLES.

L E mot *tabernacle* désigne exclusivement aujourd'hui l'édicule fixe placé au milieu de l'autel, ou un édifice construit près de l'autel, ayant pour destination de contenir la réserve eucharistique. Rien de plus convenable que ce nom, emprunté à l'Ancien-Testament : de même que le Tabernacle des Israélites contenait l'Arche d'alliance, celui des Chrétiens renferme le signe sacré de l'alliance la plus intime de l'homme avec Dieu, c'est-à-dire, l'Eucharistie. Cette expression, dans le sens moderne, ne remonte pas au-delà du moyen âge, et s'applique alors à tous les meubles destinés à contenir l'Eucharistie, à la colombe du *ciborium*, au ciboire, à l'ostensoir, aux armoires eucharistiques, et même aux châsses, aux reliquaires, et aux dais d'architecture, que les anglais appellent encore aujourd'hui *tabernacle-work*. C'est aussi le nom qu'on donnait au *ciborium* qui abritait la suspension eucharistique.

Le récipient des hosties consacrées a été encore désigné sous les noms d'*arca*, de *ciborium, conditorium, custodia, repositorium, sacrarium*, etc.

Les tabernacles isolés s'appellent *ciborio* en Italie, *maison de Dieu*, en Allemagne, *Sion*, en Russie.

Pendant bien longtemps, le prêtre communia les fidèles avec les hosties qu'il avait consacrées à la messe; il n'était donc pas nécessaire que l'autel fût pourvu d'un tabernacle. Les hosties destinées aux malades étaient conservées soit dans une pyxide suspendue au-dessus de l'autel, soit dans un coffret qu'on laissait dans le *sacrarium*, soit dans une armoire pratiquée derrière ou à côté de l'autel.

Les plus anciens tabernacles étaient des édicules, en marbre ou en pierre, creusés dans la muraille, dont la porte rectangulaire était flanquée de deux colonnettes et surmontée d'un fronton. Tels sont ceux qu'on voit à Rome à Sainte-Cécile, à Saint-Clément, à Sainte-Marie *in Trastevere*, à Sainte-Marie-l'Égyptienne, à Saint-Nicolas *in carcere*, à Sainte-Sabine, etc. Il y en avait qui faisaient fortement saillie sur le mur ; tel paraît être un édicule du Ve siècle, dans la chapelle des Saints-Anges, près de Spolète (Ombrie),et dont nous donnerons plus tard la description d'après M. Rohault de Fleury.

A quelle époque a-t-on placé au centre du

gradin de l'autel cet édicule en forme de temple, de tour ou de petite armoire ? M. Viollet-le-Duc dit que les tabernacles ne remontent pas à plus de deux cents ans (¹). M. de Caumont paraît admettre qu'il en a existé quelques-uns au moyen âge, lorsqu'il dit que « sur la *plupart* des autels des XIIIe et XIVe siècles, il n'y avait pas de tabernacle pour recevoir les hosties (²). » Nous ne pensons pas que cette origine soit ni aussi ancienne, ni aussi moderne. On commença, au XIIIe siècle, à se servir parfois d'un tabernacle mobile qui consistait en un coffret de bois ou de métal, recouvert d'un pavillon de soie; mais ce n'est que vers la fin du XVe siècle que ce récipient abandonna le côté gauche de l'autel pour se dresser, d'une manière permanente, au milieu. Quant aux tabernacles isolés de l'autel, ils prirent, à cette époque, des proportions souvent monumentales.

L'évêque Laurent Allemand, lors des visites pastorales qu'il fit en 1551, dans son diocèse de Grenoble, prescrivait de placer, au milieu de l'autel, des tabernacles en bois de noyer, là où il n'y en avait pas encore (³).

Cet usage se généralisa au XVIIe siècle, et parfois même fort inutilement, puisqu'on mit des tabernacles à des autels où l'on ne conservait jamais la réserve eucharistique. Il y eut toutefois d'assez nombreuses exceptions. Le *Rituel de Soissons*, publié en 1753, constatait que : « aucune ancienne église n'avait encore adopté le tabernacle. » Dom Chardon faisait remarquer en 1745, que beaucoup d'églises avaient résisté à l'envahissement de la mode et continuaient à réserver l'Eucharistie soit dans la sacristie, soit dans des *armarium* ou le plus ordinairement dans des suspenses.

On a employé des matières bien diverses pour la confection des tabernacles : l'or, l'argent, le bronze, le cuivre, le fer, la pierre, le granit, le marbre, le porphyre, les pierres précieuses, le bois, l'écaille, la nacre, la terre cuite, etc. Souvent, la porte seule est en matière précieuse.

Le bois serait préférable à la pierre, dangereuse par l'attraction qu'elle a pour l'hydrogène. Tous les bois ne sont pas également admissibles : le concile d'Aix (1585) proscrit ceux de noyer et de chêne, qui laissent suinter l'humidité, et recommande le bois de peuplier. Quand le tabernacle est en marbre, comme c'est aujourd'hui l'usage le plus général, il est recommandé par les synodes d'en lambrisser l'intérieur.

Le tabernacle est ordinairement posé sur le gradin de l'autel; quelquefois il est pratiqué dans les gradins eux-mêmes: c'est ce qu'on appelle, à Rome, *tabernacle à la théatine*, parce que tel est l'usage des religieux Théatins.

Les tabernacles sont le plus souvent carrés, mais il y en a de ronds, d'octogones et de polygones ; ils affectent la forme d'une armoire, d'un petit temple, d'une chapelle, d'une tour, d'un château, d'une pyramide, d'une urne, etc. « De nos jours, dit M. Raffray (¹), on a donné quelquefois au tabernacle la forme d'un Sacré-Cœur d'où jaillit une immense gerbe de rayons et dont la plaie sert de passage au Dieu caché qui vient reposer dans notre poitrine, idée ingénieuse et touchante, à laquelle il ne manque que la sanction du temps. » Tout ce qui est ingénieux n'est pas recommandable; en fait de liturgie, tenons-nous-en à l'antique tradition de l'Église.

En Allemagne et en Belgique, on voit des tabernacles tournants, pour éviter l'emploi de l'escalier, quand on veut retirer le ciboire. On ne saurait disconvenir que ces mécanismes utilitaires ne soient très préjudiciables à la dignité du culte.

A l'église Saint-Laurent de l'Escurial, le tabernacle en pierres précieuses était muni de fenêtres en cristal, à travers lesquelles on apercevait le saint ciboire. La Sacrée

---

1. *Dict. raisonné d'arch.*, t. II, p. 47.
2. *Cours d'antiq. monum.*, t. VI, p. 161.
3. Ordinavit fieri custodiam nuceam in medio altaris. Cf. *Bullet. mon.*, t. XXIV, p. 61.

1. *Beautés du culte*, t. II, p. 47.

Congrégation des Rites, consultée sur la convenance de cette disposition, répondit qu'on devait couvrir le tabernacle de façon à ce que le saint ciboire ne reste pas exposé à la vue des fidèles ([1]).

M. Viollet-le-Duc, dans les autels qu'il a fait exécuter, place sur le gradin une espèce de réduit, tout simplement taillé dans la pierre, et qu'il appelle très vulgairement *boîte à ciboire.*

Les décorations de la porte ([2]) du tabernacle se rapportent souvent à l'Eucharistie: on y voit les figures qui l'ont précédée, les prophètes qui l'ont annoncée, les évangélistes qui l'ont proclamée, les anges qui l'adorent, le crucifiement d'où découlent toutes les grâces sacramentelles, le pélican nourrissant ses petits de son propre sang, etc.

Le concile d'Aix en Provence (1585) ordonne de mettre, sur le haut du tabernacle, une image de Jésus-Christ ressuscitant du tombeau, ou percé d'une lance au côté, ou attaché à la croix. Beaucoup de ces édicules sont surmontés d'une console ou d'une gloire, dans laquelle on place l'ostensoir, pour les expositions du Saint-Sacrement.

Dans l'Est de la France et en Allemagne, une lampe qu'on pouvait apercevoir du dehors, indiquait l'autel où reposaient les saintes hosties. Ce n'était point toujours sur un autel, mais aussi dans un grand tabernacle adossé contre un pilier ou un mur du sanctuaire. Ces sortes de tabernacles isolés se composaient généralement d'un piédestal garni de statues, d'un récipient monumental et d'un couronnement pyramidal. On en voit, dès le XVᵉ siècle, qui sont des chefs-d'œuvre d'architecture et de sculpture.

Les tabernacles isolés ou adhérents à l'autel sont quelquefois accompagnés d'inscriptions, ordinairement relatives à l'Eucharistie. A Rome, on lit sur le tabernacle de Sainte-Croix de Jérusalem : *Hic Devm adora ;* sur celui de Saint-Marc : *Hic est vere*

*panis angelorvm ;* sur celui de Saint-Étienne-le-Rond (1516) : *Christi corpvs ave sacra de virgine natvm ;* à Sainte-Marie *in Trivio* (XVᵉ siècle) : *Tantum cuncti sacramentum veneremur cernui.*

Les conciles prescrivent de tapisser d'une étoffe de soie blanche l'intérieur du tabernacle. En Italie, outre cette tenture, on met, à l'entrée, un rideau également en soie, dont les anneaux glissent sur une tringle.

Dès le XVIIᵉ siècle, on a donné le nom de *conopée* au pavillon dont on entoure l'intérieur du tabernacle. Mgr Barbier de Montault se montre sévère pour cette expression: « Il suffisait, dit-il ([1]), d'ouvrir le dictionnaire latin-français de Quicherat, et on aurait vu que *conopeum* employé par Juvénal et S. Jérôme, Horace et Properce avec la variante *conopium*, dérivé du grec κονωπεῖον ou κονωπιον, se traduit par *rideau, tenture, tente, pavillon.* Traduire par conopée, c'est manifester trop clairement qu'on ne sait ni le latin ni le français. »

D'après Baruffaldi, la couleur blanche étant celle de l'Eucharistie, le conopée doit toujours être blanc. Selon Gavantus, il peut être fait d'un tissu d'or ou d'argent, ou bien d'une étoffe de soie de la couleur du jour. Le violet remplace le noir aux offices funèbres, parce qu'aucun emblème de mort ne doit voiler le tabernacle où repose le Pain de vie. Les églises qui suivent le rite ambroisien se servent exclusivement d'un pavillon rouge.

Il suffit de parcourir les anciens inventaires pour voir qu'autrefois, en France comme ailleurs, les tabernacles étaient garnis d'un pavillon. Cependant, cet usage n'a jamais été général ; S. Charles Borromée n'en fait point mention, et à Rome même, il n'est pas considéré comme strictement obligatoire, surtout quand le tabernacle est une œuvre remarquable de sculpture, de ciselure ou de peinture. On pense sans doute que c'est là une décoration plus digne encore qu'une étoffe plus ou moins riche.

---

1. Nᵒ 6141, 20 sept. 1806.
2. *Dict. d'archit.,* au mot *Retable.*

1. *Rev. de l'Art chrét.* t. XXVII, p. 259.

Nous terminerons ce paragraphe en mentionnant un certain nombre des principaux tabernacles, isolés ou adhérents à l'autel, qu'on voit en Allemagne, en Belgique, en Espagne, en France et en Italie.

**Allemagne et Autriche.** — Co-LOGNE. Tabernacle peint et doré, fort remarquable, à l'église Saint-Cunibert. — Nu-REMBERG. A Saint-Laurent, tabernacle en grès bigarré (1493-1500), qu'on appelle la *Maison sacramentelle d'Adam Krafft.* Cet habile artiste consacra sept années de sa vie à construire cet édifice gothique, adossé à un pilier du chœur, du côté de l'Evangile. Il est supporté par trois statues d'hommes, à demi-agenouillés, qui représentent l'artiste et deux de ses apprentis. Au-dessus d'une galerie à jour peuplée de figures de saints, s'élève un tabernacle carré dont quatre saints décorent les angles ; il est surmonté d'une tige dont les nombreux rameaux, historiés des scènes de la Passion, s'élèvent jusqu'à la voûte. « Dans cette œuvre, dit la *Gazette des Beaux-Arts* (¹), Krafft se montre à nous sous un jour nouveau, aux prises avec l'architecture. Il y sait réduire les plus belles décorations plastiques au rôle de simples ornements, sans diminuer leur importance, et il les dispose avec un ordre admirable dans cette flèche si hardie, qui ne mesure pas moins de soixante-quatre pieds. Quelle fantaisie exubérante n'y déploie-t-il pas, quelles ressources, quelle impatience de l'uniformité et de l'équilibre et, en même temps, quelle abnégation ! Sculpteur de figures avant tout et par-dessus tout, il y subordonne les figures à l'ensemble, relègue les saints dans leurs niches et ne se juge digne, lui et ses deux compagnons, que de servir de support à l'édifice. » —Dans cette même ville, à Saint-Sebald, on voit une armoire eucharistique, fermée par un volet bardé de fer et entouré de niches et de contreforts. Une chapelle extérieure forme comme le revers du tabernacle. Un luminaire, placé dans une lanterne, indiquait jadis aux fidèles du dehors l'en-

1. Deuxième série, t. IV, p. 190.

droit précis où résidait le Saint-Sacrement.—SALZBOURG. Tabernacle du XVe siècle, à l'église de l'hôpital. — ULM. A la cathédrale, tabernacle isolé, exécuté en 1469 par Adam Krafft. C'est une pyramide en pierre, d'une admirable légèreté, haute de 90 pieds, dont on admire surtout les ravissantes statuettes.

**Belgique.** — LÉAU. Son tabernacle, placé dans le transept nord, a été exécuté en 1552, par Corneille de Vriendt. C'est une tour pyramidale en calcaire blanc, de seize mètres de hauteur, divisée en dix étages décorés d'un grand nombre de groupes et de statuettes, représentant des scènes et des personnages bibliques. — On voit d'autres tabernacles isolés, plus ou moins dignes d'attention, à Bertheim, près de Louvain (XVe siècle), à Saint-Martin de Courtrai (XVe siècle), à Notre-Dame de Hal (1409), à Saint-Jacques de Louvain (1538), à Saint-Pierre de Louvain (1450), etc.

**Espagne.** — Le tabernacle de la *Santa-Forma*, à la sacristie de l'*Escurial*, est orné de dix mille diamants, rubis, améthystes et grenats, disposés en forme de rayons qui produisent un effet merveilleux.

**France.** — AUTREVILLE (Vosges). On voit du côté de l'Évangile, adossé au mur de l'abside, un petit monument supporté par un cul-de-lampe. Sur un phylactère que tient un ange, on lit ces mots : *Ecce panis angelorum.* — BERNAY (Eure). L'Enfant-Jésus du tabernacle, en marbre blanc, est attribué au Pujet. — BRAINE-LE-COMTE. Tabernacle en pierre, daté de 1557, de forme pyramidale. On accède, par un escalier, à la niche où l'on exposait l'ostensoir. — ORMES (Aube). Tabernacle en bois sculpté (XVIe siècle), se composant de deux tours octogones superposées, ayant chacune deux étages; les trois étages supérieurs sont à jour. — GRENOBLE. Le tabernacle de la cathédrale fut construit en 1460, par l'évêque Siboud-Allemand; il est adossé à l'un des piliers du chœur, du côté de l'Épître. Probablement, il n'a plus servi à conserver les saintes es- pèces depuis la mutilation qu'il subit en 1562 de la part des Huguenots. — PARIS. Au musée du Louvre, collection Sauvageot, tabernacle en faïence d'Andrea della Rob- bia, composition architecturale ornée d'an- ges et de têtes de séraphins. — La collection Basilewski possède un tabernacle du XVe siècle, presque identique à celui de Bouilly (Aube), publié par M. Gaussen dans le *Portefeuille archéologique de la Champagne.* — SAINT-GERVAIS DE VIC (Sarthe). C'est une tour ajourée en fenestrages gothiques, exé- cutée en l'an 1500. A l'intérieur, elle est divi- sée en deux étages dont l'un était réservé pour l'Eucharistie. La porte était placée par derrière; on y accédait en faisant le tour de l'autel. Les sculptures du support et de la pyramide sont fort remarquables. — SAINT- JEAN-DE-MAURIENNE. Son tabernacle en pierre, du temps de Louis XII, adossé au mur du sanctuaire, du côté de l'Évangile, porte, dans le haut, tout un monde de statuettes que domine la sainte Vierge. La sainte Eucha- ristie n'est plus renfermée aujourd'hui dans cette tourelle, dépourvue de sa grille monu- mentale, qui sert de support à sept lampes. — SEMUR. Tour à plusieurs étages, garnie de contreforts et de fenêtres, reposant en en- corbellement sur un piédestal à deux étages. — SOLLIÈS-VILLE (Var). Pyramide à jour du XVe siècle, garnie de verres, s'élevant à huit mètres de hauteur. — TOULON : à Sainte- Marie-Majeure, le tabernacle de la chapelle du *Corpus Domini* est l'œuvre de Puget.

On voit encore de beaux tabernacles isolés ou adhérents à l'autel, au collège des Savoyards, à Avignon; à Chassenay (Rhône), à Foissy (Côte-d'or), à Hagueneau (Alsace), à Multot (Calvados), à Mirabeau (Côte- d'or), à Saint-André (Tarn), à Saint-Germain (Aube), à Sainte-Gertrude de Maulevrier (Seine-Inférieure), à Senanques, à Til-Châ- tel (Côte-d'or), à Tracy-le-Bocage (Calvados), à Varognes (Hte-Saône), à Villeloup et à Villy-le-Maréchal (Aube), etc.

Certaines contrées ont mieux conservé que les autres les grands tabernacles indé- pendants des autels : ainsi, dans le départe- ment de la Nièvre, on en trouve à Amazy, à Beaulieu, à Brassy, Challemant, Coucy- lès-Varzy, Germenay, Metz-le-Comte, Mois- sy, Nevers, Oisy, Saint-Didier et Vignal [1].

**Italie.** — FLORENCE. Le jour de la fête de S. Jean-Baptiste, on expose au bap- tistère un riche tabernacle en argent bosselé, exécuté de 1366 à 1477 par Maso Fini- guerra et d'autres artistes. — ORVIETO : Le tabernacle d'argent de la cathédrale fut exécuté, en 1335, par l'orfèvre siennois Ugholino. — ROME. Dans la sacristie de l'*Annunziatella*, édicule de marbre blanc, incrusté d'émaux, datant du XIIIe siècle. — A Saint-Clément, fort beau tabernacle donné en 1299, par Boniface VIII. — A Saint-Jean de Latran, tabernacle de l'an 1369, où s'al- lient harmonieusement l'architecture, la peinture et la sculpture. — Tabernacles isolés du XVe siècle à Sainte-Françoise- Romaine, à Saint-Grégoire au *Cœlius*, à Sainte-Marie *in Trastevere*, à Saint-Pierre du Vatican, à Saint-Sébastien-hors-les-Murs, etc. ; du commencement du XVIe siècle, à Saint-Jean-le-Rond, à Sainte-Croix de Jé- rusalem, au musée chrétien du Vatican, etc. Les tabernacles isolés de la Renaissance ont été la plupart convertis en armoires aux saintes huiles. Mgr Barbier de Montault, dans un travail spécial [2], a décrit les plus remarquables, ainsi que ceux qui attiennent à l'autel, et dont les plus artistiques se trouvent à Saint-Jean-de-Latran, à Saint- Pierre du Vatican, à la *Chiesa nuova* et à l'église conventuelle de la *Lungara*. — SIENNE. Le tabernacle en bronze de la cathédrale, au maître-autel, fut fondu par Lorenzo di Pietro, comme on le voit par l'inscription gravée à la base : *Opus Lau- rentii Petri pictoris, alias Vecchietta de Senis*, 1472. — Dans la même ville, à *San Domi- nico*, le tabernacle du maître-autel, en marbre,

1. Cf. De Soultrait, *Répert. archéol. de la Nièvre.*
2. *Les Tabernacles de la Renaissance à Rome*, dans la *Rev. de l'art chrét.*, t. XXVII, p. 257.

est attribué à tort à Michel-Ange : le pié-destal est décoré des figures des quatre évangélistes. — SPOLÈTE. La chapelle de Clitumne dédiée aux Saints-Anges, non loin de Spolète et de Passignano, est un monument du V^e siècle. On y voit une curieuse niche que M. G. Rohault de Fleury, considère comme un tabernacle de cette époque. L'importance qu'aurait cette attribution pour démontrer l'antiquité reculée des tabernacles fixes, nous engage à reproduire ici la description et les considérations de M. Rohault de Fleury. « Nous voyons là, dit-il ([1]), une petite niche quadrangulaire de 0^m,32 de largeur sur 0^m,37 de profondeur, 0^m,63 de hauteur, sans compter les seize centimètres creusés en contre-bas du seuil. — Elle était fermée par des volets d'environ 0^m03 d'épaisseur, à deux vantaux, tournant sur des tourillons dont les douilles apparaissent encore sur le marbre, et battant en haut sur une feuillure. Cette armoire est encadrée par deux colonnettes de jaune antique, corinthiennes, isolées, portées sur deux consoles, et soutenant un riche entablement avec fronton. Le soffite est orné d'entrelacs du meilleur style.

« La situation, la ressemblance singulière de ce tabernacle avec ceux qui abritent aujourd'hui la sainte Eucharistie sur nos autels, semblent, *a priori*, indiquer la même destination ; toutefois, l'extrême rareté, pour ne pas dire l'absence de monuments de ce genre laissés par l'antiquité chrétienne, nous oblige à étudier plus attentivement la question.

« Écartons d'abord les objections négatives contre l'attribution de notre tabernacle à cet emploi sacré. Si l'on nous oppose qu'il est inaccessible à la main du célébrant, à cause de l'autel qui remplit la tribune, cette circonstance, au lieu d'infirmer notre opinion, nous semble au contraire l'appuyer ; car, dans le cas où il eût été construit depuis le XIII^e siècle, époque qui, selon Durand de Mende, vit l'usage des tabernacles sur les

autels, on n'aurait pas manqué de le placer dans une situation plus commode ; mais l'autel alors ne ressemblait nullement à celui d'aujourd'hui ; il était sans doute formé d'un cippe antique, c'est-à-dire étroit, permettant la circulation autour, et l'abord du tabernacle, par derrière.

« Le style de l'édicule nous défendant de lui supposer un rôle païen, sa situation d'y voir un reliquaire, je demande à quel autre usage que l'Eucharistie on a pu le consacrer ? Or, nous pouvons voir dans les souvenirs des premiers siècles que rien ne s'oppose à une réponse affirmative de la question.

« Je sais que, dans leurs églises, les anciens chrétiens n'avaient pas coutume de conserver les saintes espèces de la façon qu'on le fait aujourd'hui. Mais la chapelle de Clitumne a suffisamment, nous écrit M. de Rossi, les caractères de l'*oratorium*, de la *basilicula*, pour qu'on soit en droit de l'assimiler plutôt aux oratoires privés qu'à de grandes églises. On aurait tort de croire qu'à la paix de l'Église, les oratoires privés, si utiles pendant la persécution, aient été abandonnés, car la célébration des saints mystères dans les maisons particulières, devint l'objet des prescriptions des canons des premiers conciles, et jusqu'au VI^e siècle, la législation justinienne (*Nov.* 58) renouvelle sur ce point la législation des canons, en permettant le culte privé, sous bénéfice de la permission de l'évêque. — Ces permissions n'étaient pas rares aux IV^e et V^e siècles, il semble même que, dans le cas de nécessité, tout prêtre, du moins en Orient, avait coutume de la présumer. — Le souvenir se conserve toujours à Rome du fait de S. Ambroise qui *trans Tiberim, apud quamdam clarissimam invitatus, sacrificium in domo obtulit.* »

### 7. — CROIX ET CRUCIFIX.

LA croix n'est que la figure de l'instrument du supplice de Notre-Seigneur, tandis que le crucifix représente JÉSUS sur la croix. On fit des croix dès les

1. *Un tabernacle chrétien du V^e siècle*, dans la *Rev. de l'art chrét.*, juillet 1880, p. 179.

premiers siècles de l'Église ; mais, par respect pour le Sauveur, on ne voulait pas le représenter dans son état de nudité et d'ignominie. Jusqu'au VII<sup>e</sup> siècle, notre divin Sauveur ne fut guère figuré que sous l'emblème du Bon-Pasteur. Le concile *in Trullo*, tenu en 692, à Constantinople, ordonna d'abandonner l'allégorie dans la représentation du crucifiement. Jean VII, élu pape en 705, paraît avoir, le premier, consacré l'usage du crucifix dans les églises. Dès le XI<sup>e</sup> siècle, mais surtout à partir du XIII<sup>e</sup>, les croix portent presque toujours l'image du CHRIST ; leurs branches se terminent par un médaillon où figurent les quatre Évangélistes ou bien leurs animaux symboliques.

La croix apparaît, dès le IV<sup>e</sup> siècle, au sommet du *ciborium* et dans les couronnes qu'on suspendait au-dessus de l'autel. Le plan de Saint-Gall démontre qu'au commencement du IX<sup>e</sup> siècle, on plaçait déjà une croix sur l'autel ; cet usage ne paraît s'être introduit en France qu'au X<sup>e</sup> siècle et ne s'être généralisé qu'au XIII<sup>e</sup>. A ces époques, et beaucoup plus tard encore, la croix ne restait pas à demeure sur l'autel. Au moment de célébrer les saints mystères, quand le clergé arrivait processionnellement au sanctuaire, on enlevait le crucifix de la croix processionnelle pour l'adapter à un pied placé sur l'autel ; la messe terminée, on le remettait sur la hampe de la croix processionnelle, et l'on retournait à la sacristie. Au XVI<sup>e</sup> siècle, on vit se multiplier les crucifix restant à demeure sur l'autel ; mais on trouve encore, de cette époque, beaucoup de croix à double destination.

Au XVII<sup>e</sup> siècle, la présence permanente de la croix sur l'autel n'était pas encore considérée, du moins en France, comme essentielle. A la cathédrale d'Angers, on n'en mit qu'en 1702, après la construction de l'autel à la romaine.

Aujourd'hui, il est de règle que la croix soit placée sur le tabernacle, ou s'il n'y a pas de tabernacle, au milieu de l'autel ; elle doit porter l'image du divin Crucifié et dépasser en hauteur les six principaux chandeliers. La croix n'est pas exigée lorsque le retable offre un tableau ou une statue du Sauveur en croix ([1]).

La croix est-elle obligatoire pendant la célébration de la messe, lorsque le S. Sacrement est exposé ? Les uns ([2]) l'affirment, en remarquant que les rubriques ne formulent aucune exception ; les autres ([3]) le nient, en disant que, dans ce cas, la réalité remplace la figure. Le Saint-Siège, consulté sur ce point, a décidé que chaque église pouvait s'en tenir à ses usages traditionnels ([4]).

Depuis assez longtemps, les Arméniens imitent les Grecs et les Latins, en mettant sur l'autel une croix et des chandeliers.

La profession de foi anglicane, publiée sous le règne d'Élisabeth, n'autorise sur la table de la Cène que deux chandeliers et une croix sans Christ.

## 8. — CHANDELIERS, LAMPES ET LUMINAIRE.

POUR mettre un peu d'ordre dans cette étude, nous nous occuperons successivement 1° de l'origine du luminaire ecclésiastique ; 2° du symbolisme du luminaire ; 3° de l'entretien du luminaire ; 4° des lampes d'église ; 5° des cierges ; 6° de l'antiquité des chandeliers ; 7° de leurs noms ; 8° de leur matière ; 9° de leurs diverses formes ; 10° des endroits où on les plaçait ; 11° de leur nombre ; 12° de l'indication de quelques chandeliers remarquables ; 13° de divers autres appareils de lumière ; 14° enfin de quelques usages des églises dissidentes.

1° ORIGINE DU LUMINAIRE ECCLÉSIASTIQUE. — L'usage des lumières dans le culte divin se retrouve chez tous les anciens peuples ; c'est là un de ces rites universels qui paraissent provenir du culte

---

1. Congr. Rit. 16 jul. 1633 ; 17 sept. 1822.
2. Bonartius, Merati, Pasqualigo, etc.
3. Aversa, Bauldry, Gavantus, card. Lugo, Quartus, Tamburini, etc.
4. *Congr. Rit.*, 2 sept. 1741 ; Benoît XIV, Constitution *Accepimus* du 16 juill. 1746.

primitif, antérieur aux lois de Moïse. On allumait des cierges et des lampes devant les statues des idoles. En Grèce, dans le temple de Minerve, il y avait une lampe qui brûlait perpétuellement. « Callimaque, dit Pausanias (¹), fit pour la déesse une lampe d'or, dans laquelle, une fois chaque année, on mettait de l'huile en quantité telle qu'elle n'était consumée qu'au bout d'un an, bien que la lampe brûlât nuit en jour ; la mèche était faite avec une espèce de lin incombustible. »

Dans le temple de Jérusalem, il y avait un chandelier d'or avec de nombreuses lampes qui devaient brûler perpétuellement devant la table où étaient placés les pains de proposition.

Il était naturel que le Christianisme naissant s'appropriât cet antique usage ; d'ailleurs, il y fut déterminé par la nécessité. Pendant les persécutions, les chrétiens réfugiés dans les catacombes avaient besoin de luminaire ; on a trouvé dans ces cryptes funéraires des milliers de lampes en argile ou en bronze, suspendues par une chaîne à la voûte des chapelles, ou fixées sur de petites consoles le long des corridors, ou bien encore attachées près des tombeaux où se célébraient les saints mystères ; elles servaient à éclairer les cérémonies religieuses.

Mais elles avaient en même temps une signification mystique, témoin celles qu'on déposait dans l'intérieur des tombeaux, comme un symbole d'immortalité. Quand l'Église sortit des catacombes, on continua à se servir de lampes et de cierges, même pendant le jour, non seulement en souvenir du passé, mais en signe de vénération pour Jésus-Christ, en signe de joie spirituelle, comme symbole de la foi dont les fidèles sont éclairés et comme emblème de l'éternelle clarté.

Nous avons de nombreux témoignages relativement au luminaire qu'on plaçait, non pas sur l'autel, mais au-dessus ou autour.

S. Épiphane, dans sa lettre à Jean, évêque de Jérusalem, raconte qu'en passant par un village nommé Anablatha, il reconnut l'église du lieu à la lampe qui y était allumée. S. Paulin nous parle plusieurs fois des lampes suspendues en cercle autour de l'autel et brûlant nuit et jour (¹). L'hérétique Vigilance reprochait aux chrétiens d'imiter en cela les usages du paganisme : « Oui, répondait S. Jérôme, cela se faisait pour les idoles, et c'était une chose détestable ; cela se fait aussi pour les martyrs, et c'est en ce cas un culte digne d'éloges. » S. Prudence, dans son hymne sur S. Laurent, met ces paroles dans la bouche du tyran : « On rapporte que des coupes d'argent reçoivent le sang fumant de vos victimes et que, dans vos sacrifices nocturnes, des flambeaux reposent sur des lustres d'or. »

C'était surtout aux fêtes solennelles qu'en Orient comme en Occident, on faisait brûler de nombreux cierges pour augmenter la solennité de l'office. Aux jours ordinaires, on se contentait souvent d'allumer un cierge pendant la lecture de l'évangile et on l'éteignait aussitôt après. Il en était ainsi, au XVe siècle, en Occident, et c'étaient les acolytes qui portaient les cierges : de là leur nom de céroféraires. C'est seulement au VIIe siècle qu'on a allumé des cierges dès le commencement de la messe, en l'honneur de Jésus-Christ qui est la vraie lumière de l'âme.

II. Symbolisme du luminaire.—D'après les Saints Pères, le cierge n'est pas seulement le signe expressif de la lumière indéfectible apportée par le Sauveur et entretenue par l'Église ; c'est aussi l'emblème de l'intelligence éclairée par la foi ; c'est en même temps un symbole de purification et de charité. « On allume les cierges en plein jour, disait S. Jérôme (²), non pour chasser les ténèbres, mais pour expri-

---

1. *Attica*, c. XXVI, n. 6.

1. Nocte dieque, sic non splendora diei
Fulget, et ipsa dies cœlesti illustris honore
Plus micat innumeris lucem geminata lucernis.
(In natal. III S. Felicis.)

2. *Epist. ad Vigil.*, c. III.

mer la joie avec laquelle nous reconnaissons dans l'Évangile la lumière qui éclaire nos pas et nous guide dans les sentiers du Seigneur. » Le moyen âge a développé cette thèse dans des considérations raffinées. « Deux chandeliers, dit Guillaume Durand ([1]), sont placés aux cornes de l'autel, pour signifier la joie qu'ont éprouvé les Juifs et les Gentils à la nativité du CHRIST. » — « Il y a dans le cierge allumé, ajoute Pierre d'Esquilin ([2]), trois choses qui existent en JÉSUS-CHRIST : la cire, chaste produit de l'abeille, signifie la chair si pure du Sauveur né de la Vierge Immaculée ; la mèche enveloppée dans la cire désigne son âme très sainte cachée sous les voiles de la chair ; la lumière est l'emblème de sa divinité. »

III. Entretien du luminaire. — L'ordre des acolytes, qui date du berceau de l'Église, a été institué pour prendre soin du luminaire des églises. La matière en était offerte par les fidèles. Le troisième canon apostolique mentionne l'huile qu'on apportait à l'autel pour l'entretien des lampes. Parmi les revenus qu'assigna Constantin aux basiliques de Saint-Pierre, de Saint-Jean-de-Latran, de Saint-Paul, il y en avait d'expressément réservés pour le luminaire. L'impératrice Eudoxie, femme de Théodose-le-Grand, constitua une rente de 10,000 setiers d'huile pour l'alimentation des lampes de l'église de Constantinople. Le pape S. Zacharie créa une rente de vingt écus d'or pour l'entretien des lampes de la basilique vaticane. A Modène, au Xe siècle, un certain nombre d'habitants, hommes et femmes, signèrent une convention par laquelle ils s'engageaient à fournir une cotisation annuelle pour le luminaire de leur église.

Cet entretien, aujourd'hui à la charge des fabriques, a paru si rigoureusement nécessaire, que le troisième concile de Brague (672), les *Novelles* de Justinien, le *Pontifical romain* ont prescrit de ne point construire d'église avant d'avoir réuni les ressources indispensables pour entretenir ses ministres et pour alimenter le luminaire ([1]).

IV. Lampes d'église. — Les lampes des catacombes sont de forme ronde, avec deux ouvertures, l'une pour mettre l'huile, l'autre, en forme de bec, par où sortait la mèche. Une partie saillante, souvent en forme d'anse, servait à la tenir ou à l'attacher. Les mèches étaient confectionnées avec des fils enduits de cire, que l'on tirait de la feuille du papyrus. Des lampes en métal, suspendues à l'aide de chaînes, affectaient parfois les formes les plus diverses, celles de dauphin, de dragon, de vaisseau, etc.

Au moyen âge, dans les contrées où l'huile d'olive était rare, on a employé la graisse au lieu d'huile, ce qui se fait encore aujourd'hui dans certains villages d'Allemagne.

La vénération pour l'huile des lampes remonte bien haut, car S. Jean Chrysostome dit à ses auditeurs, dans une de ses homélies: « Que voyez-vous dans ces lieux qui ne soit digne d'admiration ?... Et cette lampe, n'est-elle pas d'une dignité et d'une efficacité incomparable ? Ceux-là seuls connaissent sa valeur qui, dans leurs maladies, y sont venus puiser de son huile ; ils en ont oint leurs membres infirmes et se sont retirés guéris ([2]). »

Les papes, à défaut de reliques, envoyaient aux évêques et aux souverains des fioles d'huile recueillie dans les lampes d'églises. Dans les temps modernes, le curé d'Ars guérissait des infirmes avec l'huile qui avait brûlé devant l'autel de Ste Philomène. On connaît les guérisons merveilleuses opérées par l'huile que M. Dupont, de Tours, faisait brûler devant l'image de la Sainte-Face.

Nous aurons occasion de parler plus loin de diverses formes de lampes du moyen âge.

---

1. *Ration. divin. offic.*, lib. I.
2. *Catalog.*, lib. III. c. LXXII.

1. Jobin, *Études sur les lampes du S. Sacrement.*
2. *Homil. XXXIII in cap. IX S. Matth.*

V. Cierges. — Ayant expliqué ailleurs [1] l'origine et le symbolisme des cierges, nous n'avons à donner ici que de courtes indications.

On sait que la cire d'abeilles est exclusivement admise dans les fonctions liturgiques. Cette cire, provenant du suc exquis des fleurs, est un symbole expressif de l'humanité du Fils de Dieu, qui a été formée du sang de la plus pure des vierges.

Les cierges doivent être de couleur blanche; il n'y a d'exception que pour l'office des Ténèbres, pendant les derniers jours de la Semaine Sainte, pour l'office du Vendredi-Saint et les offices des morts, où la cire doit être jaune.

En 1839, les ciriers de Marseille s'adressèrent à la Congrégation des Rites pour faire prohiber l'emploi tendant à s'introduire, des bougies stéariques, qui ne sont autre chose que du suif épuré. Après une longue enquête, la Sacrée Congrégation, en date du 16 septembre 1843, répondit qu'il fallait s'en tenir aux rubriques: c'était condamner la stéarine, puisque les rubriques n'admettent que des cierges faits de cire d'abeilles. Depuis, malgré de nouvelles instances, la Congrégation n'a fléchi que devant des cas d'impossibilité absolue : ainsi, en 1850, elle a permis aux missionnaires de l'Océanie, réduits à célébrer la messe sans lumière liturgique, d'employer les bougies dites de *l'Étoile*, fabriquées avec du blanc de baleine. Les bougies stéariques peuvent avoir accès dans l'église, quand elles ne remplissent pas un rôle liturgique, par exemple pour l'éclairage, les illuminations, etc. Même à Rome, on les admet pour l'exposition des Quarante-Heures, pourvu qu'il y ait en même temps dix cierges en cire.

Les cierges du moyen âge étaient gros, courts, en forme de torche et quelquefois en spirale. En France, les cierges sont creux et effilés, et se fixent sur un chandelier muni d'une pointe en fer. A Rome, ils sont pleins et gardent le même diamètre dans toute leur longueur ; on les implante dans une douille ou boccalet, au-dessus de la bobèche, en les assujettissant avec des éclats de bois, quand l'ouverture de la douille est trop grande.

En Italie, en Espagne, dans quelques régions de la Normandie et dans les environs de Cologne, on se sert quelquefois, aux fêtes solennelles, de cierges peints et dorés.

Les torches *(intortitia, funalia)* se composent de plusieurs cierges juxtaposés, soit en long, soit en spirale, et ayant chacun leur mèche distincte. On s'en sert principalement à l'élévation, à la bénédiction du Saint-Sacrement, au transport du viatique et aux enterrements. Jadis, les cierges étaient probablement fabriqués par les acolytes, qui avaient la surveillance spéciale du luminaire. On ne devait pas livrer à l'industrie privée la confection des torches de cire, alors que les païens eux-mêmes les faisaient fabriquer par le collège des Cérulaires [1].

Dans beaucoup de nos églises, l'esprit d'économie et l'amour du gigantesque ont fait remplacer les cierges par de gros tubes en fer blanc, munis intérieurement d'un ressort en spirale, et dans lesquels on insère la bougie. Ces vulgaires souches qui portent de maigres flammes, dix pieds au-dessus du crucifix, s'éteignent facilement et sont d'un triste effet.

On sait qu'aujourd'hui il est rigoureusement interdit de célébrer sans lumière, fût-ce même pour donner le saint viatique à un malade. Mais les théologiens ne sont point d'accord sur le genre de luminaire qui peut suffire dans les cas de nécessité. Les uns [2] exigent absolument la cire; d'autres [3] permettent l'huile des lampes; enfin, il en est qui vont jusqu'à tolérer les chandelles de suif [4].

VI. Antiquité des chandeliers. — Jusqu'ici on n'a point trouvé de chandeliers dans les catacombes. Divers textes du IV<sup>e</sup>

---

1. *Hist. du Baptême*, t. II, p. 437.

1. Zimmerman, *Florileg. philolog. hist.*, p. 245.
2. Bellarmin, Facundez, Henriquez, etc.
3. Fernandez, Garzia, Ledesma, Riccius, Rodriguez, Suarez, Vasquez, etc.
4. Azor, Barbosa, Bonacina, Layman, Palaus, Tolet, etc.

siècle démontrent évidemment qu'ils faisaient partie, à cette époque, du mobilier ecclésiastique. S. Athanase se plaint de ce que les Ariens aient introduit des païens dans les églises et qu'ils en aient emporté les chandeliers pour y faire brûler des cierges devant les idoles ([1]).

Anastase le Bibliothécaire nous apprend que Constantin fit placer quatre chandeliers devant l'autel de la basilique Saint-Paul, en l'honneur des quatre évangélistes, et que deux siècles plus tard, le pape Vigile reçut de Bélisaire deux grands chandeliers d'argent doré, destinés à être placés devant l'autel de l'église Saint-Pierre ([2]).

Le XIVᵉ concile de Carthage ([3]), tenu en 398, prescrit en ces termes la forme de l'ordination des acolytes : « Que l'acolyte reçoive le chandelier avec un cierge des mains de l'archidiacre, afin qu'il sache que sa fonction est d'allumer les cierges dans l'église. » Ce canon est fort important et jette du jour sur des textes postérieurs où les chandeliers ne sont pas expressément désignés. Ainsi, quand Isidore de Séville ([4]), qui florissait à la fin du IVᵉ siècle, nous dit que « les cierges sont portés et déposés par les acolytes, » il devient évident qu'il s'agit de cierges supportés par des chandeliers. Le chandelier est l'attribut distinctif des acolytes, dans les anciens monuments iconographiques. L'ordination de l'acolyte est figurée dans un Pontifical latin du IXᵉ siècle, appartenant à la bibliothèque de la Minerve, à Rome ([5]). L'évêque fait toucher aux acolytes une burette et un chandelier à trois pieds, dont la tige se compose de douze nœuds. La hauteur de ce chandelier dépasse la moitié de la taille de l'évêque.

La plus ancienne représentation de chandeliers que nous connaissions, se trouve sur une mosaïque du VIᵉ siècle, publiée par Seroux-d'Agincourt ([1]). Elle figure les sept chandeliers qui entourent l'Agneau de l'Apocalypse ; ce sont des fûts renflés par le milieu, supportés par trois pieds et couronnés par une bobèche en forme de chapiteau. L'artiste a-t-il représenté des monuments qui existaient de son temps ou en a-t-il pris le type dans son imagination ? C'est ce qu'il est impossible de déterminer. Nous venons de constater qu'en Orient et en Italie, on faisait usage de chandeliers dans les églises, tout au moins dès le IVᵉ siècle. Quant à nos contrées, moins riches en cire, il est probable qu'on ne s'y servit de cierges qu'un peu plus tard, et que, par conséquent, les chandeliers n'y furent introduits que vers le Vᵉ ou le VIᵉ siècle.

VII. DES NOMS DES CHANDELIERS. — Depuis le XVIIᵉ siècle, on réserve le nom de *candélabre* aux chandeliers à plusieurs branches et aussi aux chandeliers destinés à porter une seule torche de dimension considérable.

Les mots *candelabrum, ceroferarium, cereostatum* sont ceux qui ont été le plus généralement employés au moyen âge pour désigner les chandeliers. Les textes de cette époque offrent de nombreuses variantes de ces dénominations. Voici les principales : *Candelabra, candalaria, candeleris, candilerium, cereostata, cerostata, cereostaria, cereostarium, ceroferale, cerogelurum, cerostanda, cerostans, cyrostata,* etc. On se servait aussi des mots *candela, cereus,* pour signifier le cierge avec son chandelier ([2]).

Les *canthara cerostata* étaient des chandeliers disposés de façon à recevoir des lampes ; les *cerostati battutiles anaglyphi* étaient des chandeliers en lames d'argent battu, décorées de bas-reliefs.

Le nom de *flambeau* (de *flamma*) ne s'appliquait d'abord qu'aux torches de cire. C'est par abréviation qu'au XVIᵉ siècle on

---

1. *Epist. ad Orthod. in persecut.*
2. *In vita S. Sylvestri; in Vigil.*
3. Et non point le quatrième, comme le disent Suarez, *De Euchar.*, quæst. 83, art. 3, sect. VI, p. 862 du t. XVIII, et Chardon, *Hist. des sacr.* (Migne, *Theol. curs. compl.* t. XX, p. 790).
4. *Origin.*, lib. VII, c. XII.
5. Seroux d'Agincourt, *Peinture*, pl. XXXVII, n. 6.

1. *Peinture*, pl. XVI, n. 9.
2. D. Martène, *De ant. monach. ritib.*, lib. II, c. IV, nº 7.

a nommé *flambeaux* ce qu'on appelait jadis *chandeliers à flambeaux*.

Les chandeliers à manche ou bougeoirs qui étaient connus dès le XIII<sup>e</sup> siècle (¹), se nommaient *esconces* (de *absconderc*), quand la lumière était protégée par un entourage quelconque, et *palettes* ou *platines* quand la lumière restait à l'air libre (²). On appelait *torsiers* et plus tard *torchères*, les chandeliers dans lesquels on brûlait des torches de cire.

VIII. MATIÈRE DES CHANDELIERS. — Dans le cours du moyen âge, on a employé pour la fabrication des chandeliers, l'or, l'argent, le bronze, le cuivre argenté, doré ou émaillé, le marbre, le fer, le cristal, le bois, etc.

En Italie, en Bretagne, en Normandie, on voit des chandeliers en bois doré des XV<sup>e</sup> et XVI<sup>e</sup> siècles, qui sont d'un fort beau travail.

Saint Charles Borromée tolère que les chandeliers dont on se sert pour les fêtes solennelles, soient en argent quand les ressources de l'église ne permettent pas d'en avoir en or (³). Hélas ! cette tolérance est devenue un luxe inabordable pour la plupart de nos sanctuaires ; nous avons substitué à l'or et à l'argent, le zinc et la fonte ; il est vrai que nous en sommes prodigues et que, grâce au bas prix de ces matières, nous pouvons peupler l'autel d'une forêt de chandeliers gigantesques. Nous avons remplacé la qualité par la quantité, et l'art par le poids. Quelquefois ces immenses chandeliers sont en argent doré ou bien en cuivre doré; mais, par une économie qui rappelle celle des soigneuses ménagères relativement à leur pendule, on enveloppe ces meubles d'apparat d'une percale de couleur ou d'une gaze transparente. La Congrégation des Rites, consultée à ce sujet (12 sept. 1857), tolère que, pendant la semaine, on préserve ainsi les chandeliers de l'humidité et de la poussière ; mais ils doivent être découverts les dimanches et les jours de fête.

1. Villars de Honnecourt en donne un dessin.
2. De Laborde, *Notice des émaux*, etc., t. II, p. 262.
3. *Instruct. fabric. eccles.*

IX. DIVERSES FORMES DE CHANDELIERS. — Du XII<sup>e</sup> au XVI<sup>e</sup> siècle, le chandelier se compose le plus ordinairement d'un pied, d'une tige avec ou sans nœuds, d'une coupe ou bobèche destinée à recevoir les gouttes de cire, et d'un tuyau ou d'une pointe pour y fixer le cierge. Ils sont en général faits d'une seule pièce. Les *Us des métiers*, recueillis au XIII<sup>e</sup> siècle par Étienne Boileau, contiennent même une prescription formelle à ce sujet : « Que nus chandeliers de cuivre ne soient faiz de pièces soudées. » Ils sont généralement peu élevés ; les plus hauts atteignent à peine un demi-mètre ; beaucoup ne dépassent pas vingt centimètres. Leur poids, quand ils sont en argent, varie d'une demi-livre à vingt livres. Les chandeliers d'argent, de quatre à huit livres, sont ceux qui figurent le plus communément dans les inventaires. Les chandeliers·portés par les acolytes paraissent avoir été un peu plus grands que ceux qu'on mettait sur l'autel.

Le pied tout entier est quelquefois formé d'un animal sur le dos duquel est fixé la tige. Tantôt c'est un monstre à deux pattes, dont la queue sert de troisième support ; tantôt c'est un pied carré que supportent les quatre animaux évangélistiques. Quand le pied forme une base plate sans pattes, il est plus souvent triangulaire que rond, ovale, carré ou multilobé, et alors les trois supports se terminent le plus souvent en pattes d'animaux divers, en griffes de lion, en serres d'aigle, etc. C'est sur le pied du chandelier que l'artiste étale le plus librement ses fantaisies capricieuses ou ses enseignements symboliques. C'est là que se découpent les festons, que fleurissent les roses, que s'entrelacent les rinceaux, les serpents et les lézards, que les anges et les saints s'abritent sous des niches.

Parfois le blason du donateur s'étale sur le pied. En France, ces écus armoriés figuraient surtout sur les chandeliers faisant partie du mobilier du château seigneurial et qui n'apparaissaient à l'église que pour l'enterrement d'un membre de la noble famille. En Italie, on voit bien plus souvent les armoiries de l'église ou du donateur, quelquefois même l'effigie du titulaire et une inscription commémorative.

*L'Inventaire des Ducs de Bourgogne*, Nᵒ 4,090, nous fait connaître deux chandeliers portatifs dont les pieds servaient de burettes : « Deux chandeliers nuefs, d'argent, desquels les bacins se mettent et sortent à viz et autre viz qui font bouteille dessoubz, pour mettre en l'un du vin et en l'autre du l'eaue, quand on chevauche, pour dire les messes, et se mettent les dits bacins dedans les pieds qui ont double fons pour estre plus portatifs, pesant xvj marcs, vij onces. »

La tige du chandelier est unie ou cannelée, ou décorée de feuillage et d'autres ornements : elle s'amincit ordinairement en montant. Elle a un nœud, quelquefois deux, rarement trois. On donnait à ces nœuds le nom de *pommel*. Outre les nœuds, il y a parfois des tores au-dessous de la bobèche et au-dessus du pied ; les nœuds sont ornés d'émaux incrustés, de rinceaux, d'entrelacs, de roses, de trèfles, de quatrefeuilles et quelquefois de scènes religieuses, telles que l'Annonciation, le Couronnement de la Vierge, etc.

Au XVᵉ siècle, on voit des tiges flanquées de clochetons et de pinacles. D'autres se renflent par le bas en forme de balustre. Tel est celui que porte un acolyte dans un tableau du musée de Cluny, attribué à Frà Angelico et représentant une consécration d'autel.

Certains chandeliers avaient des anses pour qu'on pût les porter plus commodément.

Les bobèches affectent la forme de coupe, d'entonnoir, de chapiteau, de couronne de fleurs, etc. Elles sont quelquefois surmontées d'un bout de tuyau pour recevoir les cierges ; mais le plus ordinairement c'est une broche conique en fer, en cuivre ou en argent, dans laquelle la bougie doit s'adapter par sa partie creuse.

Les remarques que nous venons de faire s'appliquent principalement aux chandeliers des XIIᵉ, XIIIᵉ, XIVᵉ et XVᵉ siècles. Aux époques suivantes, ils deviennent plus hauts, remplacent les figures d'animaux par des feuillages et semblent vouloir déguiser leur lourdeur par la profusion des ornements.

Au XVIIIᵉ siècle, les chandeliers devinrent des machines gigantesques qui, sans souci des convenances liturgiques, dépassèrent arrogamment la hauteur de la croix. On ne pouvait plus mettre de petites bougies sur de pareils supports ; d'un autre côté, l'économie des fabriques reculait devant la dépense de torches de cire de dimension analogue. Ce fut alors qu'on inventa les souches ; on y mit d'abord un peu d'art et on imita les formes des torchères ; aujourd'hui nous n'avons plus que ces grands tuyaux de fer blanc dont le capricieux mécanisme donne bien des soucis aux bedeaux.

C'est en Angleterre qu'a commencé l'insurrection du goût contre ces massifs chandeliers qui ressemblent à des canons braqués contre la voûte. Pugin a publié de très jolies imitations de petits chandeliers du XVᵉ siècle, et les artistes ont reproduit ses modèles. D'habiles fabricants de France, MM. Bachelet, Poussielgue, Thierry, Trioullier, Villemsens, etc. sont entrés dans cette voie de réforme et ont produit des œuvres remarquables.

Il est assez rare de rencontrer des inscriptions sur les chandeliers. Celles qu'on connaît sont la plupart relatives aux donateurs. Un chandelier de la cathédrale de Lincoln portait ces mots : *Orate pro anima Richardi Smith* [1]. On conserve au musée d'Orléans, un chandelier en cuivre du XVᵉ siècle, trouvé en Février 1858, dans les fouilles de Laqueuvre (Loiret). Sur le pied de ce chandelier, dont la hauteur est de 20 centimètres, on lit cette inscription : *Priez pour Aignan de Saint-Mesmin...... et de Laquœvre* [2]. On lisait les rimes suivantes sur un grand

---

1. Dugdale, *Monasticon anglicanum.*
2. *Mémoires de la soc. archéol. de l'Orléanais*, t. IV, 1858, p. 406.

chandelier de cuivre, donné au XVIe siècle à la cathédrale d'Amiens, par la paroisse Saint-Leu :

**En l'an mil chinq cens et six  
Les paroissiens de St-Leu  
Me ont en ce noble lieu assis  
Au gré de Messieurs et de l'Aveu.**

X. DES ENDROITS OÙ L'ON PLAÇAIT LES CHANDELIERS. — Du temps de S. Jérôme [1], c'était une coutume universelle en Orient d'allumer un cierge pendant l'Évangile. Cet usage passa, au Ve siècle, dans l'Occident et, vers le VIIe, on laissa les cierges allumés pendant tout le temps du sacrifice. Mais les chandeliers étaient alors déposés aux deux coins du sanctuaire. A quelle époque les plaça-t-on sur l'autel ? Si nous consultons à ce sujet les liturgistes, les uns nous répondront que ce fut au Xe siècle [2] ; d'autres, au XVe siècle [3] ; Grandcolas prétend même que c'est un usage tout récent, et par là il entend le XVIe ou le XVIIe siècle [4]. Essayons de trouver la vérité au milieu de tant d'opinions contradictoires.

On a donné comme preuve de l'absence de chandeliers sur la table du sacrifice, jusqu'au XVe siècle, les petites représentations d'autels que nous offrent les miniatures et les vitraux, et où l'on ne voit figurer tout au plus que le calice. Cette preuve négative, en supposant qu'elle soit exacte, ne serait point admissible ; car ces figures d'autel sont souvent si petites, que les artistes ont dû se contenter d'en déterminer la nature, en y plaçant seulement un calice ; le défaut d'espace a pu leur faire négliger les accessoires. D'ailleurs on pouvait ne placer les chandeliers, comme on l'a fait de la croix, qu'au moment même du saint sacrifice, et c'est pour cela que certaines miniatures nous représentent des autels entièrement nus.

Si l'absence de chandeliers sur l'autel, dans les monuments figurés, ne peut rien prouver, leur présence, au contraire, est un argument décisif. Nous pouvons en produire un pour le XIIe siècle. La châsse romane de Saint-Calmin, provenant de l'abbaye de Mauzac (Riom), nous offre une peinture d'autel où un chandelier unique fait le pendant de la croix [1]. Deux autels, reproduits par Villemin [2], d'après des monuments du XVe siècle, sont ornés de deux chandeliers.

Consultons maintenant les textes. Les écrivains ecclésiastiques antérieurs au XIe siècle qui se sont occupés des autels, S. Denys l'Aréopagite, S. Cyrille de Jérusalem, S. Isidore de Séville, Fortunat de Trèves, Walafrid Strabon, Rhaban-Maur, etc., ne font aucune mention de chandeliers fixés sur l'autel. Ils nous apprennent que les acolytes posaient leurs chandeliers par terre, *in pavimento*, aux angles de l'autel, comme c'est encore l'usage aujourd'hui dans beaucoup d'églises orientales ; qu'au moment de l'Évangile, ils les reprenaient pour accompagner le diacre à l'ambon ou au pupitre ; qu'ils les replaçaient ensuite auprès de l'autel, et qu'après l'office ils les rangeaient soit à la sacristie, soit derrière l'autel. Un souvenir de cet antique usage subsiste encore à Rome, où l'on voit souvent deux grands chandeliers à l'entrée du chœur ou du sanctuaire.

Au IXe siècle, le pape Léon IV [3] et le concile de Reims [4] ; au Xe, Ratherius, évêque de Vérone [5], prescrivent expressément de ne mettre autre chose sur l'autel que les reliques des saints et le livre des Évangiles.

Quand les anciennes *Coutumes* de Saint-Benigne de Dijon, de Fleury-sur-Loire, de Corbie, etc., prescrivent un nombreux luminaire pour les offices, elles parlent toujours

---

1. *Adv. Vigil.*
2. Thiers, *Dissert. sur les autels*, ch. XIX.
3. Bocquillot, *Traité hist. de la liturgie sacrée.*
4. *Anciennes liturgies*, t. II, p. 52.

1. Voyez-en le dessin dans l'*Essai sur les églises romanes du Dép. du Puy-de-Dôme*, par M. Mallay.
2. *Monum. français inédits*, t. II, pl. 200.
3. *Homil. de cura pastorum.*
4. Burchard, lib. III *Decret.*, c. 97.
5. *De ant. mon. ritib.*, lib. III, c. XV, n° 32.

d'allumer les cierges non point sur l'autel, mais devant l'autel (¹).

Les *Coutumes* de Cîteaux, rédigées en 1188, disent que le vendredi-saint avant l'office, on doit allumer deux cierges près de l'autel, comme c'est l'usage pour les jours de fêtes, *ut mos est festibus diebus.*

C'est seulement dans les auteurs du XIIIᵉ siècle que nous avons trouvé des indications positives relativement à la présence de chandeliers sur l'autel. Guillaume Durand nous dit que : « aux coins de l'autel sont placés deux chandeliers, pour signifier la joie des deux peuples qui se réjouissent de la Nativité de Jésus-Christ, » et plus loin, que : « la croix est placée sur l'autel, au milieu de deux chandeliers, parce que le Christ dans l'Église a été le médiateur entre les deux peuples. »

Le Sire de Joinville dit, en parlant des cérémonies de la Sainte-Chapelle, sous le règne de S. Louis : « Et en chascun jour férial ou jour que l'on ne dit pas IX leçons, estoient deux cierges sur l'autel qui estoient renouvelez chascun jour de lundi et chascun mercredi: mès en chascun samedi et en toute simple feste de IX leçons estoient mis quatre cierges à l'autel ; et, en toute feste double ou demi-double, ils estoient renouvelez, et estoient mis à l'autel six cierges ou huit; mès ès festes qui estoient moult solempnes, douze cierges estoient mis à l'autel (²). »

L'usage de mettre des chandeliers sur l'autel était devenu général au XVIᵉ siècle. Il y avait cependant encore des exceptions au XVIIᵉ, parmi les églises cathédrales et collégiales qui, selon l'expression de Thiers « étaient restées le plus attachées à l'antiquité (³). » La cathédrale de Chartres peut de nos jours revendiquer ce mérite, puisqu'on y place encore les chandeliers sur les marches de l'autel. Dans quelques chapelles de monastères de la Trappe, on continue à ne mettre de cierges que sur des branches appliquées aux extrémités du retable. Nous avons constaté ce même usage dans quelques églises paroissiales de France, de Belgique et d'Allemagne, mais c'est là un abus réprouvé par la liturgie (¹).

Ainsi donc, pour nous résumer, il paraît certain : 1º que jusqu'au XIIᵉ siècle on ne mit point de chandeliers sur l'autel, 2º que cet usage existait, du moins dans quelques églises, au XIIᵉ siècle et surtout au XIIIᵉ; 3º qu'il se généralisa aux XVᵉ et XVIᵉ siècles, sauf quelques exceptions qui ont persévéré plus ou moins longtemps.

Les montants de la grille du chœur étaient parfois garnis de petits chandeliers en guise de fleurons ; mais, en général, c'étaient des cierges sans chandeliers, ou munis d'une bobèche, que l'on plaçait sur les clôtures du chœur, sur les *ciborium* et sur les trefs.

Outre ces chandeliers qui restaient à poste fixe, il y en avait pour les acolytes plus ou moins nombreux qui prêtaient leur ministère à la célébration de l'office. Dans l'ancienne liturgie gallicane, le diacre qui chantait l'Évangile était accompagné de sept acolytes portant chacun un chandelier, pour figurer les sept dons du Saint-Esprit (²). Le degré de solennité des offices, dans les monastères, était vulgairement désigné sous le nom de fête à trois, à cinq, à sept chandeliers. On indiquait par là, non pas qu'on dût placer ce nombre de flambeaux sur l'autel, mais que l'officiant devait être accompagné d'un pareil nombre de céroféraires.

XI. Du nombre des chandeliers. — Jusqu'au XVIᵉ siècle, les chandeliers étaient ordinairement au nombre de deux sur l'autel, et de chaque côté de la croix. L'autel de la châsse de Mauzac ne nous en offre qu'un ; il en est de même dans quelques

---

1. *Ration.*, lib. I, c. III, nº 27 et 31.
2. *Hist. de S. Louis*, éd. de 1761, p. 311.
3. *Dissert. sur les autels*, ch. XIX, p. 141.

1. S. Congr. Rit., 16 sept. 1865.
2. *Lettre de S. Germain de Paris* dans le t. V du *Thesaurus anecdot.* de D. Martène.

anciennes représentations, d'où on a conjecturé qu'il n'y eut d'abord qu'un seul chandelier sur l'autel.

Aux jours de solennité, on doublait ou triplait le nombre des chandeliers. A la cathédrale de Bourges, jusqu'au XIIIe siècle, on n'en mettait que deux aux fêtes simples et quatre aux fêtes doubles. A partir de 1260, on en plaça quatre aux fêtes ordinaires et six aux grandes solennités ([1]). L'autel de la chapelle de Henri VIII, élevée dans le camp du Drap-d'Or, était garni de dix chandeliers d'or ([2]).

Au XVIe siècle, l'adoption des gradins sur l'autel fit augmenter le nombre des chandeliers ([3]), et l'on a continué depuis, du moins en France, à en mettre six, douze, dix-huit et même plus. La rubrique du Missel n'interdit pas, il est vrai, cette profusion, mais les liturgies les plus autorisées disent qu'on ne doit mettre que deux chandeliers pour les féries, quatre aux octaves fériées de l'Avent et du Carême, aux Quatre-Temps et Vigiles, aux semi-doubles et aux doubles-mineurs; six, les dimanches, aux doubles et aux fêtes d'obligation.

L'évêque célébrant, en cour de Rome, a droit à quatre chandeliers ; l'évêque, dans son diocèse, en a sept; le pape huit.

*Le Cérémonial des Évêques* veut que les chandeliers ne soient pas d'une hauteur égale, mais qu'ils s'élèvent graduellement depuis les cornes de l'autel, de manière que les deux plus hauts se trouvent de chaque côté de la croix. Mais cette prescription est peu observée, même à Rome. Autrefois, aux messes basses, on allumait un troisième cierge depuis le *Sanctus* jusqu'après la communion du prêtre. Cette rubrique du Missel était déjà tombée en désuétude du temps de S. Liguori, et nous avons constaté qu'elle était bien rarement observée en Italie. Cette prescription a été récemment remise en honneur dans quelques diocèses de France, notamment dans celui de Périgueux.

XII. Indication de quelques chandeliers remarquables. — On conserve à la cathédrale d'Hildesheim deux chandeliers fondus par S. Bernward, évêque de cette ville, mort en 1023 ; ils avaient été placés dans son cercueil où ils restèrent jusqu'en 1192, c'est-à-dire jusqu'à la levée des reliques, après la canonisation de Bernward.

On voit, au trésor d'Aix-la-Chapelle, un chandelier dont l'écusson indique qu'il a été donné à cette église par Louis-le-Grand, de Hongrie (1326-1382). Son pied cubique s'évasant par le bas, est décoré d'une arcade géminée, inscrite dans une anse de panier.

M. l'abbé Texier décrit ainsi un chandelier qui appartenait à l'église de Tarnac (Corrèze) : « Aux trois angles, sur une base triangulaire enlacée de feuillages, aux capricieux replis, liée de galons, semée de perles, sont assis trois anges aux longues tuniques ; un livre est ouvert sur leurs genoux. Ce chandelier, en style roman, est fondu en cuivre jaune, l'*auricalque* de Théophile, matière assez rarement mise en œuvre par les orfèvres français ([1]). »

Nous avons vu à Tours, en 1847, à l'Exposition rétrospective, un fort beau chandelier appartenant à M. d'Espaulard, du Mans. On croit que c'est celui que S. Thomas de Cantorbéry donna à l'église du Mans.

Les cinq chandeliers, dont le R. P. Arthur Martin a publié les dessins dans le tome I de ses *Mélanges d'archéologie*, proviennent des cabinets de MM. Carraud, Dugué, Desmotte et Sauvageot, de Paris. D'après l'éminent archéologue, ils offriraient les scènes d'une même légende, celle de l'Edda, relative au loup Fenris qui coupa d'un coup de dent la main de Tyr, un des douze compagnons d'Odin. Ces interprétations, tout ingénieuses qu'elles soient, n'ont point con-

---

1. *Cartulaire de St-Étienne de Bourges*, t. I.
2. *Chronique de Hollinsched*, t. II, p. 857.
3. A Rome, les chandeliers des messes basses se placent sur la table même de l'autel et non sur le gradin.

1. *Dict. d'orfèvrerie*, col. 476.

vaincu tous les archéologues, et beaucoup pensent que ces cinq monuments présentent trop d'analogie avec certains chandeliers d'église des XII<sup>e</sup> et XIII<sup>e</sup> siècles, pour qu'on leur attribue une origine septentrionale et un caractère mythologique. Ils croient qu'on peut rattacher ces diverses scènes aux légendes chrétiennes où le démon figure sous les traits d'animaux divers, à moins qu'elles ne soient qu'une simple fantaisie.

Il y a des chandeliers du moyen âge, plus ou moins remarquables, aux musées du Louvre, de Cluny, d'Amiens, etc.; dans les trésors des cathédrales de Sens, de Bourges, de Munster, d'Aix-la-Chapelle, de Mayence, etc.; dans les églises de Jérusalem, à Bruges, de Saint-Nicolas à Léau, en Flandre, de Saint-Sebald et de Saint-Laurent, à Nurenberg, etc.

XIII. De divers autres appareils de lumière — Ce n'était point seulement par des chandeliers que l'autel était jadis éclairé. Souvent de nombreuses lampes brûlaient sur les trefs ou poutres transversales ; des cierges en cire jaune étaient allumés autour du *ciborium*, sur les candélabres qui entouraient l'autel, sur les couronnes de bronze ou d'argent suspendues à la voûte, sur les grilles qui fermaient le sanctuaire. Ces divers appareils de lumière étaient désignés par des noms spéciaux. Indiquons les principaux. Les candélabres en marbre ou en bronze avaient deux, quatre, sept, quinze branches et au delà. Un des plus célèbres est le candélabre de Milan, qu'on appelle *Arbre de la Vierge*, la plus belle œuvre de bronze, peut-être, que nous ait légué le XIII<sup>e</sup> siècle. Les *canistra* ou *canistri* étaient des lampes en forme de corbeille ou des sortes de plateaux placés au-dessous des lampes. Les *canthara* étaient des lampes évasées : on donnait aussi ce nom à des chandeliers de diverses formes. Les lustres en cire s'appelaient *ceriones*. Les *coronæ*, les *regna*, les *rotæ* étaient des cercles garnis de lampes, tout à l'entour ; elles reproduisaient parfois la figure d'une étoile à six ou huit branches. Les *cruces* étaient entourées de croix lumineuses que l'on y adaptait : il y en a une à Saint-Marc de Venise. Les *delphini*, lampes à plusieurs mèches, affectaient la forme d'un dauphin. Les herses ou rateliers sont un appareil de supports horizontaux dont les branches sont en nombre plus ou moins considérable. Les *phara-coronata* étaient des lampes surmontées d'une couronne. Les *trabes* ou *trefs*, poutres transversales placées à l'entrée du chœur, tantôt fixes, tantôt suspendues à des chaînes, recevaient une série de cierges sur des pointes de fer. On désignait sous le nom de *turres* ou bien des couronnes ornées de tours, ou bien une série de cercles superposés allant en décroissant depuis la base jusqu'au sommet.

L'appareil de lumière le plus usité au moyen âge était une couronne de métal (*corona, phara, pharacantara*), composée de cercles d'un diamètre plus ou moins considérable, dont le pourtour était chargé de cierges et de lanternes. Honorius d'Autun nous dit qu'on suspendait ces luminaires à la voûte pour trois motifs : 1° pour orner l'église qu'ils inondent de clarté ; 2° pour nous apprendre que ceux qui servent Dieu ici-bas méritent seuls la couronne de la vie éternelle ; 3° pour figurer la Jérusalem céleste dont ils sont un symbole.

A la basilique de Saint-Jean-de-Latran, du temps de Constantin, la couronne d'or qui brûlait devant l'autel, était enrichie de quatre-vingts figures de dauphins. Quatre couronnes de lumière entraient dans la décoration du *ciborium* que Léon IV fit exécuter au IX<sup>e</sup> siècle pour la basilique de Saint-Pierre.

La célèbre couronne d'Aix-la-Chapelle, en cuivre doré, émaillé et cerclé, fut offerte à la sainte Vierge au XII<sup>e</sup> siècle par l'empereur Frédéric Barberousse. Elle a huit mètres de circonférence. Chacun des huit lobes qui forment son contour, supporte deux lanternes en forme de tours, au bas desquelles sont représentées les huit Béatitudes et diverses scènes de la vie de Notre-Seigneur. On peut placer trois cierges dans l'espace qui sépare les tours.

Il y a deux couronnes de lumière à la cathédrale d'Hildesheim, près de Hanovre. La plus grande, don de l'évêque Hézilon, au XI<sup>e</sup> siècle, mesure dix-huit mètres de circonférence. Divisé en douze lobes, son pourtour est décoré de deux tours et de douze portes, réunies par une courtine crénelée dont chaque créneau porte un chandelier. Des places sont ménagées pour cent dix lumières.

On voit aujourd'hui des imitations de ces sortes de couronnes dans beaucoup de grandes églises de France, par exemple dans les cathédrales d'Amiens, de Bourges, de Chartres, de Paris, etc.

L'usage des bras de lumière, branches ou appliques, sorte de candélabres sans pied, fixés à la muraille ou au retable, ne remonte pas à des époques fort anciennes.

XIV. Usages des églises dissidentes. — Chez les Grecs, les cierges sont placés sur la prothèse du diacre et, dans certaines circonstances liturgiques, sont portés par les lecteurs ou les acolytes devant l'officiant. Les Arméniens, contrairement à l'usage des autres Orientaux, ornent les deux gradins de leurs autels de la croix et de chandeliers. Dans plusieurs églises de Saxe, l'usage catholique des cierges allumés a été conservé, mais, disent les protestants, seulement pour rappeler l'heure tardive où Notre-Seigneur a institué la Cène.

Les ritualistes d'Angleterre mettent deux cierges sur l'autel pendant la célébration de la cène. Cette pratique fut dénoncée à la cour des Arches en 1868 ; mais ce tribunal ecclésiastique déclara cet usage orthodoxe, attendu qu'Édouard VI, quand il réforma le Rituel de 1547, n'avait pas aboli l'emploi des deux cierges (¹).

## 9. — Propitiatoires.

ON incrustait parfois, dans les tables d'autels fixes, des plaques d'or ou d'argent, enchâssées, qu'on nommait *propitiatoires*, parce qu'on y offrait le sacrifice de paix et de propitiation. Anastase le Bibliothécaire mentionne les propitiatoires d'or et d'argent donnés par le pape Pascal I à Saint-Pierre de Rome, à Sainte-Praxède, à Sainte-Marie *in Cosmedin*, à Sainte-Marie-Majeure, etc.; par Léon IV à Saint-Pierre de Rome. Ce dernier propitiatoire contenait 72 livres d'argent et 80 livres d'or.

## 10. — Statues.

DANS l'antiquité chrétienne, on plaçait des images de Jésus-Christ, de la Vierge, des apôtres, des saints, sur les supports des voiles qui entouraient l'autel, sur les arcades du *ciborium* qui le surmontait, mais non point sur l'autel lui-même. Baronius et Bini admettent la présence des images sur l'autel dès le VI<sup>e</sup> siècle; mais c'est en mal interprétant un canon du deuxième concile de Tours dont nous aurons occasion de parler plus tard. Cet usage ne s'introduisit guère qu'au X<sup>e</sup> siècle et n'était pas encore universel au XV<sup>e</sup>.

A côté des statues des saints, on mettait parfois les figures des donateurs et des bienfaiteurs de l'église. Sur l'autel de la cathédrale de Reims que fit exécuter, au X<sup>e</sup> siècle, l'archevêque Hérivée, autel qui existait encore en 1789, on voyait les figures en pied d'Hérivée, de son prédécesseur Foulques, de Charles-le-Simple, de Judith femme de Charles-le-Chauve, et d'Ansgarde, femme de Louis-le-Bègue (¹).

Sans un indult spécial, on ne peut pas enlever d'un autel l'image du saint sous le nom duquel il a été dédié. Cette prescription de la Congrégation des Rites (²) est très souvent violée.

---

1. *Revue Britann.* avril, 1868, p. 538.

1. Tarbé, *Trésor des églises de Reims*, p. 216.
2. N° 4655.

## 11. — Diptyques.

LES diptyques, d'origine grecque, furent d'abord un mode de communication missive entre les princes : c'étaient des tablettes composées de deux ou trois pièces de bois, d'ivoire ou de métal, enduites intérieurement d'une couche de cire, sur laquelle on écrivait avec le style. Chez les Romains, les consuls échangeaient entre eux des diptyques au premier jour de l'an. Après que Constantin eut donné la liberté au christianisme, les magistrats adressèrent des diptyques aux églises, par marque de respect, et les églises, en signe de reconnaissance, placèrent ces présents sur les autels, afin de recommander les donateurs aux prières des fidèles. Plus tard, ce symbole consulaire devint tout à fait ecclésiastique. Il servait à marquer les noms, non seulement des autorités civiles qui étaient en bonne harmonie avec l'Église, mais aussi des morts pour qui l'on devait prier, des évêques avec lesquels on était en communion, des papes régnants, des saints dont on faisait la fête ou la mémoire. Cet usage d'inscrire ainsi le nom des défunts à recommander à l'autel, explique pourquoi plusieurs Sacramentaires donnent le nom de *superdiptycha* à la Commémoration des morts.

La partie de l'ivoire, opposée à celle où était étendue la cire pour recevoir les inscriptions, était ordinairement sculptée et figurait des scènes de l'Ancien et du Nouveau Testament. Ceux que l'on connaît de l'époque mérovingienne offrent de grandes incorrections de dessin : en général, les têtes sont trop grosses, les mains exagérées, les draperies mal ajustées. Le musée d'Amiens possède un diptyque de ce genre, fort curieux, qu'on présume être du VI<sup>e</sup> ou du VII<sup>e</sup> siècle. Il représente trois miracles de S. Remi, relatifs au sacre de Clovis. C'est le seul monument connu de cette espèce, datant de cette époque, où l'on trouve sculpté un trait de l'histoire de France.

L'usage des diptyques, invoquant sur l'autel la miséricorde divine pour les vivants et pour les morts, a disparu depuis longtemps, comme tant d'autres coutumes de l'Église primitive ; mais la liturgie n'a jamais oublié de prier ni pour les bienfaiteurs défunts ni pour les vivants. Les lettres NN., inscrites dans le Missel et auxquelles le célébrant substitue de véritables noms, au *Memento* des vivants et à celui des morts, remplacent l'office des anciens diptyques. C'est ainsi que les usages de l'Église se modifient à travers les siècles, sans qu'aucune atteinte soit portée à l'esprit qui les avait inspirés ; la forme change, mais l'idée survit ; l'écorce peut se détacher de l'arbre sans en altérer la sève.

Quand l'emploi des diptyques tomba en désuétude, leurs feuillets sculptés servirent le plus ordinairement de reliquaires, de portefeuilles, d'images et de couvertures pour les livres liturgiques.

## 12. — Chasses et reliquaires.

DÈS l'origine de l'Église, on rendit un culte de vénération à ceux qui mouraient pour la foi; il n'est donc pas étonnant qu'on ait recueilli précieusement leurs restes, qu'on ait creusé des cryptes pour les abriter et qu'on les ait placés dans les autels dédiés à Dieu sous leur invocation. Nous avons parlé plus haut des reliques qu'on mettait dans l'intérieur de l'autel pour le consacrer ; nous n'avons plus à nous occuper que de celles contenues dans des châsses qu'on plaçait sous l'autel. Cet usage n'est pas antérieur au IX<sup>e</sup> siècle. Les plus anciens textes qui y soient relatifs sont ceux d'un concile de Reims et d'une homélie de Léon IV, où il est dit qu'on ne doit rien mettre sur l'autel que les châsses contenant les reliques des saints, les livres des Évangiles et la pyxide du Viatique. On a invoqué en faveur d'une plus haute antiquité de cet usage l'autorité de S. Grégoire de Tours. Cet écrivain rapporte, il est vrai, que lorsque Didier apporta à Saint-Martin de Tours les corps de

S. Martin et de S. Félix, il ordonna qu'on les plaçât *super altarium* ; mais ce n'était là qu'une résidence temporaire, puisque Didier devait, dès le lendemain, reprendre ces reliques et continuer avec elles son voyage.

Ces placements transitoires, lors des promenades des châsses, étaient encore désapprouvés au X⁰ siècle par certains écrivains qui poussaient trop loin le culte de la tradition (1).

C'est au XIIIᵉ siècle que remonte l'usage général de placer de grandes châsses au-dessous de l'autel ou bien derrière, à une certaine hauteur, de façon à ce que les fidèles puissent passer au-dessous, ou même les toucher de la main, ou les baiser respectueusement. Quant aux petits reliquaires, on les posait temporairement sur l'autel, le jour de la fête du saint dont elles contenaient une relique.

Guillaume Durand nous apprend que de son temps, dans certaines églises, on plaçait des reliques dans le tabernacle ; mais les conciles ont toujours condamné cet abus de mettre les restes mortels des saints sur le même rang, pour ainsi dire, que la réserve eucharistique.

13.—-Fleurs artificielles et naturelles.

SAINT Augustin nous parle d'un homme de qualité, adversaire de la religion chrétienne, qui fut converti de la manière suivante par son gendre : « Ce dernier, dit-il (²), crut devoir se rendre à l'oratoire de St-Étienne et prier pour son beau-père mourant. En se retirant, il prit quelques fleurs de l'autel, qui se trouvèrent sous sa main, et les emporta. Puis il alla les poser sur la tête du malade qui déjà n'y voyait plus et qui soudain s'écria qu'il croyait. » Prudence, dans son poème sur Ste Eulalie, engage les jeunes filles à cueillir des violettes et des crocus, pour en décorer l'église. S. Jérôme félicite le prêtre Népotien du zèle qu'il mettait à décorer les églises de fleurs, de pampres et de feuilla-

ges (¹). S. Paulin de Nole engage les fidèles à joncher de fleurs les dalles du sanctuaire, à couvrir de guirlandes les piliers des portes (²). Venance Fortunat nous dit que Ste Radegonde, avec les premières fleurs du printemps, faisait des guirlandes et des couronnes pour les suspendre autour de l'autel (3).

En examinant de près ces textes, on voit qu'il n'est jamais question de fleurs disposées en couronnes ou en bouquets pour être déposées sur la table même de l'autel ; les fleurs décorent seulement les murs, les piliers, les portes, le *ciborium* ou la crypte ; on en jetait aussi sur les dalles. Il en fut de même au moyen âge. Au XIIIᶜ siècle, les fleurs artificielles furent introduites dans les usages du culte : on croit que ce sont des religieuses de Flandre qui, les premières, confectionnèrent des fleurs en soie. L'emploi des fleurs sur l'autel lui-même paraît avoir été admis d'abord par les couvents de femmes, puis par les ordres mendiants et les paroisses rurales, vers le XVIᵉ siècle ; au XVIIIᶜ, cet usage était encore fréquemment repoussé par les cathédrales, les collégiales et les églises monastiques. Aujourd'hui, les fleurs naturelles ou artificielles, plantées dans des vases de bois, de porcelaine ou de métal, se sont emparées des gradins, à peu près partout, excepté dans les basiliques majeures de Rome. Les austères défenseurs de l'ancienne liturgie auraient mauvaise grâce à proscrire ces ornements ; mais ils peuvent, trop souvent, trouver occasion de critiquer le mauvais goût de ces décorations, et surtout ces vulgaires fleurs artificielles, aux couleurs déteintes, chargées de poussière ou bien emprisonnées dans un globe, comme sur certaines cheminées de salon.

14. — Missel et porte-missel.

AUTREFOIS le livre des Évangiles restait souvent à demeure sur l'autel, parce que la parole de Dieu, selon l'expression de S. Augustin, n'est pas moins

---

1. Gezzo, abbas Dothenensis, *ap*. Muratori, t. III, anced.
2. *De civit. Dei*, XXII, 8.

1. *Epist. IX ad Heliod.*
2. *Natal. S. Felicis.*
3 L. VIII, carm. IX.

digne de nos respects que le corps même de JÉSUS-CHRIST. Aujourd'hui encore, dans beaucoup d'églises orientales, le missel reste perpétuellement sur l'autel.

Le missel se plaçait jadis sur un coussin de la couleur du jour, usage peu commode qui se perpétue dans plusieurs villes d'Italie. Les pupitres apparaissent dès le XIIIᵉ siècle. Un inventaire de la cathédrale d'Angers, daté de 1297, en mentionne un en argent (¹). C'est en Espagne qu'on voit les plus beaux pupitres ouvragés; ils restent à demeure sur l'autel.

### 15. — CANONS D'AUTEL.

LES canons ou cartons d'autel (*tabellæ*) destinés à aider la mémoire du célébrant, ne datent que de la fin du XVᵉ siècle. S. Charles Borromée et un concile d'Avignon (1594) en font une obligation liturgique. La Rubrique du missel ne mentionne que la *tabella secretarum* qui se place au milieu de l'autel et contient le *Gloria*, le *Credo*, les prières de l'offertoire, les paroles de la consécration, les oraisons avant la communion et le *Placeat* : c'est le plus ancien. Le canon de l'Évangile *In principio* n'est pas antérieur à S. Pie V, puisque c'est sous son pontificat que l'on commence à réciter cet évangile à l'autel. Quant au canon du *Lavabo*, contenant les prières de l'infusion du vin et de l'eau dans le calice et le psaume pour l'ablution des mains, il est encore plus récent, puisque Gavantus, qui écrivait au commencement du XVIIᵉ siècle, en parle comme d'une commode innovation de son temps.

En diverses églises d'Espagne et d'Italie on ne trouve point de canons d'autel ; dans d'autres, il n'y a que celui des secrètes.

Les cartons ne doivent rester sur l'autel que pendant la messe; en tout autre temps, ils doivent être déposés sur la crédence ou rangés dans la sacristie, et non point renversés sur la nappe d'autel, comme cela se fait souvent en France.

Les canons sont tantôt de simples feuilles de papier imprimées, collées sur un carton (de là le nom de *carta, carte,* qu'on trouve dans les inventaires), tantôt des parchemins entourés de cadres plus ou moins riches et protégés par un verre. Les plus anciens sont écrits à la main, ornés de miniatures ou tout au moins de majuscules rehaussées d'or ou de couleurs variées : celui des secrètes avait parfois des charnières et se pliait comme un triptyque : il en est encore ainsi aujourd'hui dans le rite lyonnais.

Certains canons modernes sont envahis par des images aux dépens du texte imprimé trop fin. On peut reprocher à d'autres leur grandeur démesurée et leur poids tellement excessif, qu'on est obligé de les traîner sur des roulettes, quand il est besoin d'ouvrir le tabernacle dont ils cachent entièrement la porte.

Les canons d'autel en vermeil, donnés à la cathédrale de Reims pour le sacre de Charles X, valent plus de 12,000 francs, sans compter le prix artistique des peintures. La première lettre de chaque prière est fleuronisée et représente un saint ou une sainte dont le nom commence par cette lettre.

Parmi les plus remarquables canons d'autel, nous devons citer ceux de la cathédrale d'Évreux, en argent ciselé (XVᵉ siècle), ceux de Notre-Dame de Versailles dont les miniatures datent de 1770, et ceux de Notre-Dame de Châlons-sur-Marne donnés et dessinés en 1753, par le chevalier de la Touche.

Au Congrès des sociétés savantes de 1882, M. Castan a lu à la section des Beaux-Arts une dissertation sur un beau canon d'autel du XVIᵉ siècle, brodé par Madeleine de Bourbon pour la première messe de son cousin Charles de Guise (1544), archevêque nommé de Reims.

En France, à certaines solennités, on mettait quelquefois des instruments de paix entre les canons ou sur les gradins. Ainsi, à la cathédrale d'Angers, les jours de fête, on décorait l'autel de quatre instruments de paix, ornés de pierres précieuses (¹).

---

1. *Rev. de l'Art chrét.*, IIᵉ série, t. XV, p. 318.

1. De Farcy, *L'ancien trésor de la cathédrale d'Angers.*

## Chapitre j. — Des autels proprement dits (suite).

### Article xj. — Accessoires de l'autel.

NOUS rangerons sous ce titre ce qui concerne : 1° les crédences; 2° les piscines; 3° les chancels et les balustrades; 4° les tables de communion. Les tabernacles isolés sont aussi l'un des accessoires les plus importants de l'autel ; mais nous avons cru devoir en parler en même temps que des tabernacles adhérents au corps même de l'autel.

### I. — Des Crédences.

DANS les basiliques latines, il y avait, outre l'abside principale, deux absides collatérales correspondant aux deux contre-nefs. Celle de gauche, nommée *diaconicum*, était une espèce de sacristie où s'habillait le clergé; celle de droite, *secretarium*, contenait les vases sacrés. Ailleurs ces vases étaient renfermés dans une armoire pratiquée dans le mur, à droite de l'autel ; dans une autre armoire, à gauche, on mettait le missel, le livre des Évangiles, celui des Épîtres et celui des Psaumes. En l'absence d'armoire, on se servait de grands coffres. La crédence a remplacé tout à la fois le *secretarium*, l'armoire et le coffre. C'est une table carrée, circulaire ou polygonale, disposée près de l'autel pour recevoir temporairement les objets nécessaires au sacrifice de la messe : les burettes, l'aiguière, le manuterge, etc. Elle fait souvent corps avec l'architecture : alors, c'est tantôt une tablette supportée par une console, tantôt une niche pratiquée dans le creux d'un mur. Sa place régulière est du côté de l'Épître ; celle qu'on voit parfois du côté de l'Évangile était destinée à recevoir les offrandes des fidèles : on l'appelait πρόθεσις, παρατράπεζον, *oblationarium, paratorium.*

Les crédences ne deviennent communes qu'au treizième siècle; quand elles sont pratiquées dans une niche, il arrive souvent qu'une tablette supérieure a la destination dont nous parlons, tandis que la partie inférieure fait l'office de piscine, c'est-à-dire qu'elle est creusée en forme de cuvette, percée d'un trou pour l'écoulement de l'eau qui a servi au *lavabo* de l'officiant.

Parmi les crédences remarquables par leur antiquité ou leurs décorations, nous citerons celles des Saints-Nérée et Achillée et de Saint-Clément, à Rome; des églises de Minot (Côte-d'Or), de Pontigny et de Vézelay (Yonne) ; des Saintes-Chapelles de Paris, de Saint-Germer, de Souvigny, etc.

### II. — Des Piscines.

IL n'est point question de piscine monumentale avant le neuvième siècle. Le prêtre officiant se lavait les mains dans un bassin portatif, et l'eau était jetée ensuite au dehors, ou bien dans un trou creusé sous l'autel ou à côté, et nommé : θάλασσα, θαλασσάδιον, κονεῖον, *lavacrum.*

Le pape Léon IV, au neuvième siècle, dans une instruction adressée aux évêques[1], exige qu'il y ait près de l'autel un lieu où l'on

---

1. Sirmond, *Concil*, t. XXI, p. 570.

puisse jeter l'eau qui a servi à purifier les vases sacrés et où le prêtre trouve de l'eau et du linge pour se laver les mains et les essuyer après la communion. Telle fut probablement l'origine de ces piscines où le prêtre se lavait les mains avant la messe, après les encensements et après la communion.

Quelquefois la piscine est un récipient percé d'un trou et supporté par un pédicule isolé ou accolé au mur; le plus ordinairement c'est une niche pratiquée dans la muraille et munie d'une cuvette perforée pour l'écoulement des eaux. Nous avons déjà dit qu'elle est souvent accompagnée d'une tablette qui sert de crédence.

Aujourd'hui le célébrant ne purifie dans le calice que le pouce et l'index de chaque main; mais autrefois le pain consacré étant en beaucoup plus grande quantité, le prêtre ne pouvait pas, surtout au moment de la fraction, n'y employer que quatre doigts ; il devait donc, après la communion, se laver entièrement les deux mains ; l'ablution, trop abondante pour être bue, était jetée dans la piscine. La diminution des communions et l'emploi des petites hosties devaient réduire la quantité de l'ablution ; l'usage traditionnel n'en persévéra pas moins jusqu'au treizième siècle et au delà. Innocent III ordonna au prêtre de boire les ablutions, mais on ne tint pas compte partout de ses recommandations ; seulement on manifesta plus de respect pour l'eau qui avait servi à rincer le calice. La piscine fut géminée et par conséquent munie de deux cuvettes. On jetait dans la première l'eau qui avait servi au *lavabo*; dans la seconde, l'ablution du calice. Un conduit les faisait déverser en terre sainte, soit dans l'église, soit dans le cimetière. On comprend dès lors l'importance liturgique de la piscine, les encensements qu'on lui donnait dans certains diocèses et le soin qu'on mettait à la décorer, surtout dans la partie destinée à l'ablution du calice.

Quand l'usage de boire l'eau des ablutions s'établit généralement au quatorzième siècle, il ne fut plus nécessaire d'avoir deux cuvettes dans une piscine à double usage. Un seul bassin suffit dès lors pour recevoir les eaux ordinaires, et l'architecture dut se conformer à la modification liturgique qui venait de s'opérer. Remarquons toutefois que l'ancien usage se prolongea très longtemps dans certaines localités, par exemple à Cluny, à Rouen, à Chartres, à Orléans, à Paris, à Saint-Denis, à Saint-Jean de Lyon, chez les Chartreux, etc.

Aux quinzième et seizième siècles, les piscines sont moins grandes et se parent de dais évidés à jour, de consoles, de culs-de-lampe, de clochetons à crosses végétales ; elles se fermaient quelquefois à clef et pouvaient alors servir de trésor.

Il est à remarquer que, dans les grandes églises, on trouve des piscines dans les chapelles des bas-côtés tournants et des basses nefs, et non point près de l'autel majeur ; là, elles n'auraient point servi, puisque, aux messes solennelles, le diacre et le sous-diacre prenaient les ablutions du calice. La place régulière de la piscine est du côté de l'Épître, mais les dispositions architecturales des chapelles ont fait parfois intervertir cette place, surtout dans le bas-côté de l'Évangile. En Italie, la piscine est souvent logée à la sacristie.

Nous citerons, comme particulièrement remarquables, les piscines de la Ferté-Bernard, de la Sainte-Chapelle de Paris, de Saint-Gabriel (Calvados), de Notre-Dame de Sémur, de Saint-Urbin de Troyes ; celles de Donfield en Angleterre et de la cathédrale de Lausanne.

### III. — Des Chancels.

DES écrivains protestants ont prétendu à tort que les chancels ou cancels avaient été inventés dans des siècles d'ignorance, pour établir symboliquement une différence entre l'ordre ecclésiastique et la condition laïque. Ces balustrades, qui existaient dès la plus haute antiquité, fermaient l'entrée du sanctuaire aux laïques, de même qu'autrefois les lévites seuls étaient admis dans certaines parties du temple et que le Grand-Prêtre seul pouvait, une fois par an, pénétrer dans le Saint des Saints. A cette raison morale nous pouvons ajouter un motif matériel. Les chapelles des catacombes étaient fermées par des *transenna*, espèce de grillage en marbre, pour protéger les reliques des martyrs contre l'indiscrète piété des fidèles. Cet usage fut transporté, pour les *confessions*, dans les églises supérieures et s'appliqua plus tard à toute espèce d'autels.

Ces clôtures du sanctuaire ou du chœur s'appelaient *cancelli* (barreaux), *septum* (cloison) et quelquefois *pectoralia*, parce qu'elles s'élevaient à la hauteur de la poitrine. La dénomination de *cancelli* s'appliquait, par extension, à l'espace compris entre les balustrades du sanctuaire et le jubé. C'est pour cela qu'en Angleterre le chœur est parfois désigné traditionnellement sous le nom de *chancel*.

Dès les premiers siècles, les chancels affectèrent des formes assez variées : c'étaient tantôt des grilles ou treillis en bois, en pierre, en marbre, en fer, en bronze, en argent; tantôt des balustres plus ou moins ouvragés; tantôt des panneaux décorés de mosaïques et de peintures. Quelquefois ces clôtures étaient percées de portes, ornées d'arcades et de statuettes, surmontées de pilastres auxquels on suspendait des voiles en tapisserie, qui cachaient le sanctuaire pendant une partie de la messe. A l'église romaine des Saints-Nérée et Achillée, des pupitres ou *analogia* ont été établis à demeure sur les chancels pour tenir lieu d'ambons.

La séparation du chœur d'avec la nef a été d'autant plus maintenue au moyen âge, qu'il arrivait souvent que l'entretien du chœur était à la charge du seigneur ou des décimateurs, tandis que la nef était construite et réparée aux frais des paroissiens.

Dans les églises à une seule nef, le chœur était séparé de la nef, non seulement par le chancel, mais aussi par l'arc triomphal, arca-de en maçonnerie, en pierre ou en bois, plus ou moins décorée de sculptures et surmontée d'un crucifix, qu'accompagnaient souvent les statues de la sainte Vierge et de saint Jean. Il est à regretter que dans beaucoup d'églises on ait fait disparaître cette séparation traditionnelle.

L'arc triomphal et le chancel suffisaient bien pour interdire l'entrée du chœur aux laïques, défense qu'un concile de Reims renouvelait encore en 1585 ; mais ils étaient impuissants à protéger certains autels contre la rapacité des voleurs ou la piété mal entendue des fidèles. Il en est qu'on garantissait par des volets de bronze, et par une forte grille presque adhérente : tel est celui du *Sancta Sanctorum* au patriarchat de Latran. « Il y a là, dit Mᵍʳ Barbier de Montault(¹), pour protéger les reliques précieuses qui y étaient renfermées, un premier rempart de marbre épais, plus une forte grille munie de serrures. La grille s'ouvre à la partie antérieure, et l'on a alors devant soi deux volets de bronze portant les effigies de saint Pierre et de saint Paul et le nom d'Innocent III. La présence des apôtres indique que là étaient conservés leurs chefs, et la date de cet autel grillé est fixée par le nom du pape qui dut l'élever et le consacrer et qui siégea de 1198 à 1216. »

Dès le treizième siècle, on commença à remplacer les chancels par des murs et des lambris de bois qui défendaient du froid et des courants d'air, et qui, dans les cathédrales et les collégiales, firent tout le tour du chœur. De nos jours, il y a parfois une double clôture, l'une autour de l'autel, l'autre entre le sanctuaire et le chœur, ou bien entre le chœur et la nef. Souvent aussi les anciens chancels sont remplacés soit par des tables de communion, fixes ou mobiles, soit par des grilles en fer forgé.

Dans les églises orientales, le *sacrarium* où est l'autel se trouve séparé du reste de l'édifice par une haute cloison appelée *ico-*

---

1. *Bullet. de la Soc. des Ant. de l'Ouest*, 1880, p. 41.

*nostase* à cause des saintes images qui y sont peintes. La porte du milieu ou *porte sainte* est réservée au prêtre ; cependant le diacre y peut également passer quand il accomplit certains rites solennels. Les deux autres portes sont à l'usage des clercs. On y peint des anges pour montrer que les ministres remplissent près de l'autel les fonctions qu'occupent les anges près du Trône divin. M. de Rossi croit que la disposition générale des *iconostases* n'est pas antérieure au treizième siècle et aux persécutions des iconoclastes. On en voit de fort belles à la Panagia Nicodemo d'Athènes, à Saint-Théodore de Pergame, à la cathédrale de Smyrne, à Saint-Spiridion de Corfou, à l'église grecque de Livourne, etc. En Occident, nous citerons les chancels de Saint-Clément de Rome, de Saint-Pierre de Toscanella, de Saint-Marc de Venise, de Torcello, etc.

## IX. — Des tables de communion.

PENDANT longtemps les chrétiens se rangèrent debout contre les chancels pour recevoir la communion. « Que ceux qui savent que je suis instruit de leurs péchés, dit saint Augustin ([1]), s'éloignent de la communion, s'ils ne veulent pas être chassés des chancels. » Quand les fidèles commencèrent à communier à genoux et non plus debout, on dut diminuer la hauteur des chancels ou se servir d'un meuble portatif qu'on appela *table de communion, banc de communion, appui de communion, estal, étal.* Le chancel fut souvent aussi remplacé par une balustrade peu élevée, en bois, en pierre, en marbre, en fer battu, ayant une surface plane qu'on recouvrait d'une garniture en drap et d'une nappe de toile frangée de dentelles.

D'après la prescription de Benoît XIII, la table de communion devrait avoir trois pieds de hauteur et un pied de largeur. Saint Charles Borromée n'exige que 27 centimètres de large. En Espagne et en Italie, la tablette de la balustrade est, en général, beaucoup plus large qu'en France, où souvent une simple grille tient lieu d'appui.

Au dix-huitième siècle, dans un certain nombre d'églises de Normandie et d'Anjou, on abritait la table de communion, le jour de Pâques, d'un dais blanc, frangé.

Nous ne connaissons pas de tables de communion qui remontent authentiquement au moyen âge ; il y en a quelques-unes des deux derniers siècles qui sont de véritables œuvres d'art, comme celles de Saint-Michel de Louvain et de Saint-Jacques d'Anvers.

On remarque dans la principale église de Toulouse une place dorée à la Table Sainte. A une époque que nous ne saurions préciser, le premier Président de la Cour se rendait à la Sainte-Table pour communier. Un homme enveloppé d'un vaste manteau s'avançait également vers l'autel pour recevoir le Dieu de l'Eucharistie ; mais, en levant la tête, il aperçoit le Président, se recule et se retire dans le coin le plus sombre de la vieille basilique. Le Président, surpris, le suit et, lui frappant légèrement à l'épaule, lui dit avec douceur : — « Mon ami, pourquoi me fuyez-vous ? Venez communier avec moi. — Moi, moi, à côté de vous ! Monsieur le Président, balbutie l'inconnu. — Ici, il n'y a pas de Président, répond le noble vieillard ; il n'y a que des chrétiens égaux devant Dieu. » — Le Président et le bourreau communièrent côte à côte. On fit dorer la place de la table de communion où ces deux hommes s'étaient agenouillés, et c'est ainsi que ce souvenir se perpétue dans la religieuse cité du Languedoc ([1]).

## Article rij. — Des linges d'autel.

ON donne le nom de *linges d'autel* à ceux des linges sacrés qui se trouvent ou peuvent se trouver plus ou moins en contact avec les saintes espèces. Nous ne parlerons ici que 1° des nappes d'autel ; 2° des corporaux et des bourses ; 3° des dominicales et des nappes de communion. Nous

---

réservons ce qui concerne le purificatoire et la pale pour le paragraphe relatif aux accessoires du calice. Quant au manuterge, il en sera question à l'article des burettes.

### 1. — Des Nappes et des Couvertures d'Autel.

LA nappe d'autel a pour origine la nappe qui, selon l'usage juif, fut étendue sur la table de la Cène. Ce n'est pas seulement une marque de respect pour la consécration de l'autel, mais aussi une précaution contre les conséquences d'une effusion accidentelle du précieux sang. Au point de vue symbolique, la nappe représente le suaire et les autres linges dont la piété des disciples enveloppa le corps de Notre-Seigneur, avant de l'ensevelir. Cette attribution mystique, mentionnée dans la liturgie, se comprend d'autant mieux quand on se rappelle que l'autel est la figure de Jésus-Christ.

Le texte connu le plus ancien, relativement aux linges d'autel, nous est fourni, au quatrième siècle, par saint Optat de Milève. «Quel est celui d'entre les fidèles, nous dit-il [1], qui ignore que la table de l'autel est couverte d'un linge pendant la célébration des saints mystères?» Saint Victor de Vite rapporte que Genséric, roi des Vandales, envoya dans la province de Zengitane (Tunisie) un certain Proculus dont la main rapace avait tout ravagé et qui s'était emparé des nappes des autels pour s'en faire des chemises et des caleçons [2]. Au septième siècle, l'empereur Constant, dans un voyage qu'il fit à Rome, offrit à la basilique de Saint-Pierre une pièce de drap d'or pour couvrir l'autel [3]. C'est à ce même autel que Léon IV donna une couverture de soie, mouchetée d'or.

On voit par ces différents faits que jusqu'à la fin du neuvième siècle, les nappes d'autel étaient indifféremment en lin, en soie, ou en tissus d'or.

D'après Polydore Virgile [1], le premier décret concernant les nappes de lin aurait été rendu au septième siècle par Boniface III. Fut-il universellement observé? On serait tenté d'en douter en voyant mentionner dans les inventaires du moyen âge et même des deux derniers siècles des nappes d'or et des nappes de soie; mais il est possible qu'on ait désigné par là tantôt des parements, tantôt des housses d'autel. Il n'est point toujours facile de bien déterminer le sens précis de ces termes: *mantilia, mappa, operimenta, palla, pallia, panni, linei, propitiatoria, tobalea, tovalia, tualea, velamena, vestes altaris; linceul, longères, touailles, etc.*

Aujourd'hui, les nappes d'autel, de même que les corporaux, les purificatoires, les pales, les amicts et les aubes, doivent être de chanvre ou de lin. Le coton, que toléraient encore beaucoup de théologiens des deux derniers siècles [2], a été définitivement proscrit par la congrégation des Rites [3]. C'est sans doute parce que ce fut dans un linge de toile que Joseph d'Arimathie ensevelit le corps du Sauveur et que le lin, dans l'Écriture, est le symbole de la pureté du corps et de l'âme [4].

Les nappes étaient souvent ouvrées, c'est-à-dire brochées dans le tissu ou brodées à la main, de divers dessins en fil bleu ou rouge. C'est surtout aux quatre coins que l'on voit figurer des scènes religieuses, les figures des évangélistes et quelquefois les armoiries des donateurs. On y mettait même des inscriptions. Sur la nappe d'autel, brodée par Berthe, femme du roi Robert, pour l'église Saint-Remy de Reims, on lisait ce distique :

> Hic panis vivus cœlestisque esca paratur
> Et cruor ille sacer qui Christi in carne currit.

On conservait autrefois, à l'église Saint-Étienne de Lyon, une nappe d'autel du neuvième siècle où se lisaient en lettres d'or

---

1. Quis fidelium nescit in peragendis mysteriis ipsa ligna linteamine cooperiri. *Contra Parm.*, l. VI.
2. *Persecut. Afric.* l. I, c. I.
3. Anast. Bibl., *in Vital.*, CXXXV, 15.

1. *De invent. rer.*, l. V, c. VI.
2. Azor, Fr. Lugo, Pasqualigo, Quartus, Tamburini, etc.
3. 15 mars 1664 ; 18 mars 1819.
4. *Clavis* S. Melit., *ap.* Pitra, *Spicil. Solesm.*, pp. 172 et 403.

seize vers latins ayant trait la plupart aux dispositions qu'il faut apporter à la Table Sainte (¹).

A partir du quinzième siècle, on borda les nappes soit d'une petite frange de fin or, de deux ou trois doigts de haut, soit de guipures ou d'ouvrages en fil à jour. Cette dernière décoration était surtout employée pour la nappe supérieure qui pendait des deux côtés de l'autel. La seconde, qui garnissait le devant, était décorée d'un orfroi nommé *frontal*, c'est-à-dire d'un morceau d'étoffe cousu au rebord, que les temps modernes ont remplacé par une dentelle plus ou moins large. Dans certaines églises de village, on voit des nappes qui se terminent par de vulgaires guipures de coton et même par des découpures de papier doré !

En Italie, et particulièrement à Rome, on plisse les nappes avec les doigts, de façon à y figurer d'ingénieux dessins, tels que des fleurs, des fruits, des vases sacrés, etc.

On sait que l'autel doit être couvert de trois nappes, ou tout au moins de deux, dont l'une est pliée en double. Il n'en a pas toujours été ainsi. Dans l'origine on ne mettait qu'une seule nappe, et cette coutume était encore suivie au dix-huitième siècle à Saint-Jean de Lyon. Bocquillot pense que la triplicité des nappes remonte au neuvième siècle, époque où apparurent les fausses décrétales contenant une prétendue ordonnance de saint Pie I à ce sujet (²). Toujours est-il qu'au treizième siècle, Guillaume Durand ne parle encore que de deux nappes, représentant, dit-il, l'habit du corps et celui de l'esprit. Cependant, dès le siècle précédent, les Cisterciens employaient trois nappes. Ce devint une prescription dans les missels du quinzième siècle et dans les synodes du seizième. Ces ordonnances ne parurent pas sans doute rigoureusement obligatoires, puisque beaucoup de théologiens trouvaient que deux nappes pouvaient suffire (3) et que

d'autres ajoutaient qu'on peut célébrer avec une seule, en cas de nécessité (¹) ; c'est ce que l'on faisait, au dix-huitième siècle, dans un certain nombre d'églises du diocèse d'Amiens, qui arguaient de leur pauvreté (²).

Jusqu'au quinzième siècle, les autels restaient nus en dehors du temps de la messe et n'étaient couverts de nappes qu'immédiatement avant le saint sacrifice. Il en était encore ainsi au dix-huitième siècle à Saint-Maurice d'Angers, à Saint-Jean de Lyon, à Notre-Dame de Rouen, à Saint-Martin de Tours, etc. Le quatrième concile de Milan (1576) exige qu'en dehors du temps de la messe on recouvre les nappes d'autel d'une toile cirée pour les préserver de la poussière, prescription que nous avons trouvée observée dans la plupart des provinces d'Espagne. Les conciles d'Aix(1585) et de Salerne(1596)recommandent une couverture en toile bleue ou verte. La serge verte a prévalu en Italie ; on y voit aussi des housses d'apparat, brodées et rehaussées de galons d'or, pour couvrir l'autel pendant les vêpres des fêtes : à la Chapelle Sixtine, c'est une couverture en lin rayé d'or. Ces housses ne doivent être enlevées que lorsqu'il y a salut du Saint-Sacrement.

En Italie, une toile cirée, qu'on ne retire que le Jeudi-Saint, adhère à la surface de l'autel ; elle protège tout à la fois la pierre contre la poussière et les nappes contre l'humidité.

De droit ordinaire, la bénédiction des nappes et des corporaux appartient à l'évêque qui peut, sans un indult spécial, déléguer cette faculté à un simple prêtre. Les abbés et les dignitaires qui jouissent des droits pontificaux peuvent procéder à cette bénédiction, mais seulement pour les monastères qui dépendent de leur juridiction,

Des théologiens (3) ont prétendu qu'il

---

1. De la Mure, *Hist. eccl. de Lyon*, p. 292.
2. *Traité de la liturgie*, l. I, ch. v, p. 94.
3. Antonin, Armilla, Azor, Jean Chappuis, Durand, Bar-

thélemy Fumée, Facundez, Gabriel, Henriquez, Paludanus, Sylvestre, etc.

1. Fernandez, Garzia, Leander, Suarez, etc.
2. Mioland, *Actes de l'Église d'Amiens*, t. II, p. 284.
3. Azor, Facundez, Reginald, Sà, Suarez, Sylvestre, Vasquez, Villalobos, etc.

n'était pas rigoureusement nécessaire de bénir les nappes d'autel, mais les rubriques du Missel sont formelles sur ce point. Cet usage existait déjà au neuvième siècle, puisque saint Remi, évêque d'Auxerre, en fait mention en ces termes:« Des sous-diacres et des acolytes présentent à bénir à l'évêque les linges, les vases et les autres ornements de l'église (¹). »

Cette bénédiction des nappes, des vases et des ornements destinés à l'autel est faite par l'évêque immédiatement après la consécration de l'autel.

Le pontife asperge d'eau bénite et encense les croix, les nappes, et autres ornements déposés sur une toile cirée, qui porte le nom de *chrémeau*. Parmi les diverses oraisons que prononce le pontife, nous nous bornerons à reproduire celle-ci : « Dieu tout-puissant et miséricordieux, qui avez créé dès le commencement tout ce qui était utile et nécessaire aux hommes ; qui avez bien voulu que les temples élevés par leurs mains fussent consacrés à votre saint nom et appelés les lieux de votre demeure; qui avez ordonné à Moïse, votre serviteur, de faire confectionner les vêtements propres aux pontifes, aux prêtres et aux lévites, ainsi que les autres ornements de tout genre, destinés au service et à la décoration de votre tabernacle et de votre autel; prêtez une oreille favorable à nos prières, et sans avoir égard à notre indignité, daignez, par votre ministère, purifier, bénir et consacrer ces divers ornements, préparés pour les besoins de votre église et de votre autel, en votre honneur et pour votre gloire ; afin qu'ils puissent servir à votre divin culte et à vos sacrés mystères, et qu'ils soient dignes de concourir au sacrement du corps et du sang de Jésus-Christ, votre Fils, Notre-Seigneur qui, étant Dieu, vit et règne avec vous dans l'unité du Saint-Esprit, dans tous les siècles des siècles. Ainsi soit-il. »

Par là même qu'une destination sacrée a été donnée aux nappes par la bénédiction du pontife ou du prêtre, elles ne peuvent plus servir à des usages profanes. Au sixième siècle, en France, on croyait, par une vénération mal entendue, pouvoir les employer à la sépulture des morts ; mais cet abus fut réprimé par les conciles de Clermont (535) et d'Auxerre (578).

Combien de fabriques n'ont pas vendu aux brocanteurs de ces riches nappes d'autel, si remarquables par leurs broderies, leurs écussons, leurs inscriptions, leurs filigranes d'or et d'argent ! Aussi sont-elles devenues très rares aujourd'hui. Il y en a de fort belles à Saint-Laurent de Nuremberg (XIIᵉ s.), à Saint-Jean de Latran, à la Chapelle Sixtine, au couvent des Clarisses d'Amiens, à Saint-Martin de Canigou (Pyrénées-Orient.), au musée de Cluny, etc.

M. Alexandre Nesbett possède une nappe d'autel en batiste, faite en Italie au quatorzième siècle, et qui a figuré à l'exposition de Londres en 1874. Elle est ainsi décrite dans la *Gazette des Beaux-Arts* (¹):« Au centre, est une composition représentant la crèche. Dans chaque extrémité sont cinq petites figures en pied représentant divers saints. Chaque figure est sur un socle qui se relie à son voisin par une très riche ornementation qui forme base et qui est répétée au-dessus de cette charmante galerie de personnages. Toutes les broderies ont été brodées entièrement en couleurs, au petit point. Les ornements étaient bleus, liserés de rouge. Cette pièce importante et rare se recommande encore plus à l'attention par la valeur et l'harmonie de sa composition que par son exécution merveilleuse, fine et large tout à la fois.»

M. Essenwein, membre de la Commission impériale des monuments historiques de Vienne, a composé, en style du treizième siècle, le dessin d'une nappe d'autel, dont nous empruntons la description aux *Annales archéologiques* (²) : « C'est un grand carré

---

1. *De Dedicatione*, c. VII

1. Deuxième période, t. X, p. 168.
2. T. XXIII, p. 179

inscrivant un cercle. Au centre du cercle est le Temps, vieillard ailé, armé de la faux et du sablier, porté sur des roues ailées comme les Byzantins représentent les Trônes. Dans le champ du cercle, les étoiles, le soleil et les phases de la lune. En cadre autour du cercle, les douze signes du Zodiaque. Dans les quatre angles intérieurs du cercle et du carré, les vents ailés. Dans la bordure du carré, des lions, des cerfs, des chiens, des espèces de dragons à tête humaine. Dans les quatre angles extérieurs du carré, les quatre éléments: l'aigle pour l'air, le dragon pour le feu, l'éléphant pour la terre, le pélican pour l'eau. »

En Orient, on met d'abord aux quatre coins de l'autel, quatre morceaux de drap nommés εὐαγγελισταί, parce qu'on y voit le nom et l'image de chacun des évangélistes. Sur ces quatre morceaux on étend une première nappe, appelée κατασαρκα (*ad carnem*), rappelant le linceul de l'ensevelissement de Notre-Seigneur, puis une seconde nappe, plus fine, souvent en soie, symbole de la gloire de Jésus-Christ dans l'Eucharistie, et enfin un corporal. Quand l'autel n'est pas consacré, on y ajoute un sachet de reliques qui tient lieu de pierre d'autel et qu'on nomme αντιμηνσιον (de αντι, au lieu, et μηνσιον, table). Benoît XIV a autorisé les prêtres du rite latin, résidant dans la Russie polonaise, à célébrer, à défaut d'autel, sur les *antimensia*, comme le font les Russes catholiques.

Les protestants couvrent leur table de communion d'une nappe de toile, et, hors le temps de la cène, d'un tapis de soie.

## II. —Des Corporaux et des Bourses.

LE corporal est un linge bénit qui reste étendu sur l'autel depuis l'oblation jusqu'après la communion, afin de recevoir les parcelles qui pourraient se détacher de l'hostie.

On l'appelle *corporal*, parce qu'on y consacre le corps du Sauveur; *palla* ou *pallium*, parce que primitivement, comme nous le verrons bientôt, il lui servait de vêtement.

Le rite ambrosien conserve le nom de *syndon*, par comparaison avec le Saint-Suaire qui servit à ensevelir le corps de Notre-Seigneur. On l'appelle encore εἰλητὸν, *chrismale, coopertorium, linteum sacrum, opertorium, palla corporalis, palla dominica, sudarium*, etc.

Ce linge sacré remonterait aux origines apostoliques, s'il fallait s'en rapporter à Philippe de Commines, nous racontant qu'un pape fit présent à Louis XI d'un corporal dont se serait servi saint Pierre (¹). Quelques écrivains ont avancé sans preuves, que l'institution des corporaux était due au pape Eusèbe ou à saint Sixte Iᵉʳ. Saint Sylvestre, au commencement du quatrième siècle, ordonna qu'on ne consacrât le corps de Notre-Seigneur que sur des voiles de lin et non pas sur du coton et de la soie, afin de représenter le suaire de lin dont le corps du Sauveur avait été enveloppé après sa mort (²). Mais entend-il par là le corporal ou la nappe d'autel? On peut se faire la même question pour le texte de saint Optat que nous avons cité plus haut, pour ceux de saint Isidore de Damiette (³) et de saint Isidore de Pelouse (⁴), comparant le linge de l'autel au suaire du Sauveur. En réalité la nappe unique des premiers siècles servit tout à la fois de nappe, de corporal, de pale et de voile. C'était une grande pièce de toile, couvrant tout l'autel, que le diacre apportait avant l'offertoire; on la repliait sur le calice et sur les pains. Le corporal n'est devenu distinct de la nappe d'autel que lorsqu'on fit usage de deux ou de trois nappes; la supérieure fut alors un corporal spécial. Raoul de Tongres nous dit que cette distinction se produisit d'abord en Italie, mais il n'en précise pas l'époque, et nous croyons que cela n'est point possible.

Par un sentiment de vénération, on n'a point voulu que le pain consacré, ni le calice

---

1. On conserve au trésor de Monza un corporal qui, dit-on, aurait servi aux apôtres.
2. Labbe, *Concil.*, t. I, *Vita S. Sylvestri*, p. 1409.
3. L. I, *ep*. 109
4. L. I, *ep*. 122.

du précieux sang touchassent immédiatement l'autel, ni qu'ils restassent constamment en vue des fidèles. C'est pour cela que sur toute la surface de l'autel, on étendit un très long corporal; sur le pli antérieur, on posait les pains; sur le pli du milieu, le calice; et, avec la partie postérieure, on recouvrait toutes les oblations. Cet usage primitif subsistait encore, au seizième siècle, à Rouen et à Orléans; il persiste encore aujourd'hui chez les Chartreux et dans l'Église de Lyon. Presque partout ailleurs il fut abandonné, comme incommode, après l'introduction de l'élévation du calice. On partagea, pour ainsi dire, le corporal en deux parties, l'une qui resta étendue sur l'autel; l'autre, plus petite, qu'on plaça sur le calice et qui, plus tard, avec l'addition d'un carton, constitua la pale moderne. C'est depuis le dix-septième siècle que le corporal n'a plus, en tout sens, qu'environ 50 centimètres.

Dans un certain nombre d'églises d'Allemagne, d'Italie et d'Espagne, outre le grand corporal, on se sert d'un plus petit *(animeta)* sur lequel on place la sainte hostie. En vertu d'un privilège de Clément VII, les Théatins pratiquent cet usage.

En dehors du Saint Sacrifice, le corporal sert de repositoire au ciboire dans le saint tabernacle.

Autrefois, surtout en Allemagne, on en mettait souvent un dans l'intérieur du ciboire.

Nous avons dit que saint Sylvestre prescrivit le lin pour la confection des corporaux, afin de mieux représenter le linceul de Jésus-Christ, dont il est l'image. Saint Germain de Paris, dans son *Exposition de la messe*, fait la même recommandation. Peut-être que ce choix a été également influencé par cette considération, que la toile n'est pas susceptible d'être rongée par les mites.

On a employé exceptionnellement la soie ou d'autres matières précieuses: ainsi saint Grégoire de Tours nous raconte que, pendant un songe, il croyait célébrer les saints mystères dans sa basilique, lorsque déjà l'autel et les oblations étaient recouverts *pallio serico* (1).

Les conciles ont toujours réprimé cet abus et surtout l'emploi du coton. Pie VII, par un décret général du 17 mai 1819, l'a formellement proscrit pour les corporaux, les pales, les purificatoires, les nappes d'autel, les amicts et les aubes, permettant seulement d'user les linges d'autel qu'on avait à l'époque de la publication du décret. Ces linges doivent être usés depuis longtemps, et cependant on rencontre encore, même dans des églises qui ne sont point pauvres, des corporaux et des purificatoires en coton.

Le corporal n'admet aucune broderie, mais simplement une bordure de dentelles. Contrairement à la rubrique, l'usage allemand est de les broder en couleur; au moyen âge on les a même quelquefois ornés d'or et de pierreries. A l'endroit que doit baiser le prêtre, on fait ordinairement une petite croix grecque avec du fil blanc ou rouge.

Le corporal doit être bénit par l'évêque ou par un prêtre muni de la permission de l'évêque. Il y a, dans le *Pontifical*, une formule spéciale de bénédiction.

Innocent VIII a concédé au général et aux provinciaux des Frères-Mineurs le privilège de bénir les corporaux. Cette faculté a été accordée par le même pape au vicaire-général et aux visiteurs des Augustins; par Léon X, au général, aux provinciaux et aux gardiens des Mineurs observantins; par Pie V, aux Hiéronymites d'Espagne.

Les abbés, les généraux d'ordre, les missionnaires, en un mot tous ceux qui ont la faculté de bénir les ornements sacrés pour leurs propres églises, n'ont pas le droit de bénir les linges d'autel qui ne sont pas destinés à leur usage (2).

La bénédiction donnée aux corporaux ainsi que leur usage sacré, interdit de leur donner une destination profane: c'est pourtant ce qu'on fit plus d'une fois au moyen

---

1. *Hist. Franc.*, l. VII, c. xxii.
2. Congr. Rit., n<sup>os</sup> 1328 et 1687.

âge, par suite d'une vénération mal entendue, quand on jetait un corporal au feu pour arrêter quelque incendie. Cet abus fut sévèrement condamné par le concile de Selingstadt (1023).

Le respect des Saints Mystères doit empêcher de se servir de linges sales. Les *Mémoires* sur la vie de M<sup>gr</sup> de La Motte, évêque d'Amiens, rapportent un trait qui montre l'impression que faisait sur lui l'irrévérence pour les choses saintes. « Croyez-vous, dit-il à un curé dans l'église duquel il trouva des corporaux extrêmement malpropres, croyez-vous à la présence réelle ? » Le curé se défendait de répondre, comme on refuse de le faire à une question qu'on ne croit pas sérieuse. — « Répondez-moi, reprit l'évêque d'Amiens, y croyez-vous ? » Le curé étonné proteste que personne n'y croit plus sincèrement que lui. — « Tant pis, réplique alors vivement l'évêque, parce que si vous n'y croyiez pas, vous ne seriez qu'un hérétique ; et qu'en y croyant vous êtes un impie ; l'état de ce linge sur lequel vous placez ce que vous croyez être le corps de JÉSUS-CHRIST, en est la preuve. »

Quand les corporaux, les pales et les purificatoires sont salis, ils doivent être lavés successivement à trois eaux par un ecclésiastique constitué dans les ordres sacrés, et livrés ensuite au blanchissage.

Dans l'instruction qu'il adresse aux sous-diacres au moment de leur ordination, l'évêque les avertit qu'il est de leur ministère de laver les pales, les corporaux et les purificatoires. A défaut des sous-diacres, c'est aux diacres et aux prêtres qu'incombe cette fonction. Le pape saint Boniface I défendit qu'aucune femme, même une religieuse, touchât aux linges sacrés, fût-ce pour les laver. « Les corporaux, dit le concile de Saumur (1253), seront lavés par des prêtres revêtus de surplis et dans un vase fort net destiné à cet usage, et la première eau sera jetée dans la piscine. » On trouve encore dans les sacristies, mais assez rarement, de ces vases dont parle le concile de Saumur et dont les capitulaires d'Hincmar rendaient l'emploi

obligatoire ; ils sont ordinairement en cuivre étamé.

Au monastère de Cluny, des prêtres et des diacres, après avoir donné une légère lessive aux corporaux, les plongeaient dans une eau blanchie par une farine très pure. Pour les faire sécher, on les suspendait à une corde qui ne servait qu'à cet usage. Tant que les corporaux étaient exposés à l'air, on les gardait soigneusement pour empêcher les mouches de s'y poser.

Bien que des conciles et des synodes des trois derniers siècles aient renouvelé les anciennes prescriptions relatives au lavage des corporaux, un certain nombre d'évêques de France confiaient ce soin à des religieuses. Cet usage tend de plus en plus à disparaître; il a cessé en 1879, dans le diocèse de Versailles, où les Clarisses ne sont plus chargées que du second lavage.

En Pologne, on renouvelle la bénédiction des linges d'église, chaque fois qu'ils ont été lavés.

Quand les corporaux sont usés, on les brûle, et la cendre en est jetée dans les piscines. « Les anciens corporaux, dit le Synode d'Oxford (1222), seront conservés avec les reliques ou bien brûlés en présence de l'archidiacre (1). »

Parmi les corporaux remarquables, nous nous bornerons à mentionner un linge d'aspect oriental, décoré de l'image du Sauveur et de la sainte Vierge, que l'on conserve au trésor de la cathédrale de Gran (Hongrie); un corporal en soie, brodé d'or, du douzième siècle, au musée de Cluny, et, aux Carmélites d'Amiens, un corporal garni de dentelles, venant de Madame Louise de France, en religion la Mère Thérèse de Saint-Augustin, et portant son initiale, surmontée d'une couronne royale.

Les Orientaux ont eu, jadis, des corporaux de soie et d'étoffes précieuses ; mais, depuis longtemps, ils emploient une serviette de lin carrée, qu'ils appellent *iliton*. Ce linge n'est pas seulement bénit, mais

---

1. Mansi, *Concil.*, t. XXII, p. 1147.

consacré et oint de chrême par l'évêque. Par respect pour cette consécration, on ne lave jamais le corporal ; quand il est sali ou usé, on le brûle, et la cendre en est enterrée dans quelque endroit de l'église où elle ne soit point exposée à être foulée aux pieds.

Nous terminerons ce paragraphe en disant quelques mots des bourses qui ont été désignées sous le nom de *bursa, loculus, marsupium, pera ; corporalier*, etc.

Les bourses, destinées à renfermer le corporal, apparaissent tout au moins au treizième siècle, puisqu'il en est question dans la *Chronique de Mayence*, rédigée par Conrad, et dans la *Vie de sainte Claire* qui confectionnait des corporaux et des corporaliers pour les paroisses des environs d'Assise.

La bourse doit être de la couleur des ornements du jour. Elle est souvent à double face, afin de pouvoir servir à des fêtes de couleurs liturgiques différentes : on économise ainsi les frais de deux doublures. Il en est en tissus d'or ou d'argent, richement ornementés ; les décorations les plus ordinaires, sont la Croix, l'Agneau divin, l'Hostie, l'Esprit-Saint sous la forme de colombe. En Italie, on met une houppe à chaque coin. La bourse, dont se sert le pape aux offices pontificaux, est assez grande pour que le corporal y entre tout entier sans être plié.

En Espagne, la bourse est quelquefois adhérente à l'autel ; elle se compose de trois parties dont la centrale y est attachée et dont les deux autres compartiments mobiles se déplient et se replient à volonté, comme les feuilles d'un triptyque.

Le *Rituel romain* n'indique aucune formule de bénédiction pour la bourse, ni pour le purificatoire, ni pour le voile du calice.

On s'est parfois servi de la bourse comme d'un récipient pour recueillir des aumônes, ce qui est une inconvenance blâmée par le synode d'Osimo, en 1734.

M<sup>gr</sup> Barbier de Montault a fait justement observer qu'il ne faut point confondre la bourse du calice qui ne contient qu'un seul corporal, avec le corporalier, ou boîte à corporaux, destiné à en renfermer plusieurs. Ce dernier, qui a persisté jusqu'au siècle dernier, était une boîte revêtue de soie ou de velours, décorée de broderies, de perles et d'armoiries. Le savant prélat en signale un au musée de Cluny et beaucoup d'autres dans des inventaires de diverses époques (¹). Quant aux bourses de calice, nous mentionnerons seulement celles de la cathédrale d'Anagni, revêtues d'anciennes étoffes byzantines, et une bourse brodée en or, en grenats et en perles fines, conservée au monastère des Carmélites d'Amiens.

### III. — Des Dominicales et des Nappes de communion.

« IL n'est point permis aux femmes, dit le *Concile d'Auxerre*, tenu en 585 (can. 36), de recevoir l'Eucharistie dans la main nue. » Et, plus loin (can. 42) : « Les femmes, quand elles communient, doivent avoir leur *dominicale*. Celle qui ne l'aura pas, attendra au dimanche suivant pour communier. » Un ancien *Pénitentiel* manuscrit, cité par Du Cange, dit que si une femme communie sans avoir son dominicale sur la tête, il lui sera interdit de communier jusqu'au dimanche suivant. D'autre part, dans un sermon attribué autrefois à saint Augustin (²), et qui appartient peut-être à saint Maxime de Turin, on lit cette recommandation : « Que les hommes, quand ils doivent communier, se lavent les mains et que les femmes aient un linge blanc pour y recevoir le corps du CHRIST. »

Ajoutons qu'au septième siècle, saint Théodore de Cantorbéry permet aux femmes de recevoir l'Eucharistie sur un voile noir.

De ces divers textes et de quelques autres, les uns, comme Baluze, concluent que le terme *dominicale* désigne un voile dont les femmes,

---

1. *Inventaire de la chapelle papale*, dans le *Bulletin monumental*. Nous ne saurions trop répéter combien les nombreuses publications liturgiques de M<sup>gr</sup> Barbier de Montault nous ont été utiles.

2. *Serm. 132 de tempore*.

le dimanche (*die dominica*), se couvraient la tête pour communier. Les autres, comme Bergier et M<sup>gr</sup> Martigny, entendent par là le linge dont elles revêtaient leur main pour y recevoir l'hostie, en sorte que le prêtre n'était pas exposé à toucher leur main nue. Il y a, enfin, des liturgistes, comme le Père Le Brun, qui croient que, selon les provinces, ce même terme de *dominicale* s'est appliqué tout à la fois au voile de tête et au voile de main. Cette dernière supposition est très plausible, mais nous sommes porté à croire que ces deux voiles n'en faisaient qu'un, c'est-à-dire que les femmes se rendaient à l'église avec un voile de tête assez long pour qu'elles pussent, avec l'un des pans, se couvrir les mains.

Quand la sainte hostie fut déposée dans la bouche du communiant, le *dominicale* perdit sa raison d'être, mais on ne continua pas moins de s'en servir pour se rendre à l'église, et nous le retrouvons, jusque de nos jours, dans le *mezzaro* des Gênoises, le *domino* des Provençales, l'*ahautoir* des Picardes et l'*affulette* des Normandes.

Les Pères de l'Église grecque ne parlent point du *dominicale*, ce qui nous fait supposer que son usage était inconnu en Orient. Il est question dans saint Jean Chrysostome ([1]) de petites tablettes de bois sur lesquelles les communiants recevaient la sainte hostie. En Occident, surtout dans les monastères, on donnait la même destination à de petits plateaux creux qu'on nommait *scutella* ([2]).

Le *dominicale* et le *scutellum* ont été l'origine des nappes de communion ayant pour objet, en cas d'accident, d'empêcher l'hostie de tomber à terre. Elles doivent remonter à l'époque où l'on commença à communier à genoux, c'est-à-dire au treizième siècle. Il y en a eu en toile, en coton, en velours, en taffetas, ornées de dentelles et de guipures. On lit dans un ancien inventaire de Notre-Dame de Paris : « Une paule de soye de diverses couleurs eschiquetée pour escommicher (*communier*) le jour de Pasques ([1]). »

Dans certaines églises on laisse à demeure, toute l'année, la nappe de communion. Liturgiquement, elle ne doit être mise sur l'appui que lorsque des fidèles doivent communier.

« Dans quelques églises d'Italie, dit M. l'abbé d'Ezerville ([2]), on la laisse à demeure pendant le temps désigné pour remplir le devoir pascal : c'est une invitation tacite à venir s'asseoir à la sainte Table. »

On sait qu'il n'est point permis de donner aux communiants, en guise de nappe, le voile du calice, la pale, la bourse, ni le manuterge. Mais on peut y suppléer par une pale spéciale ou un plateau de métal. A Parme, on se sert d'un petit plateau d'osier garni de toile et de dentelle, qu'on se passe de main en main. En Savoie, c'est un plateau d'argent ou bien une pale destinée uniquement à cet usage.

P. S. — Ce chapitre, ainsi que le suivant, était terminé depuis longtemps, quand parut le premier volume de M. Rohault de Fleury sur les *Monuments de la messe*.

L'auteur en a consacré la plus grande partie à dessiner et à décrire les plus importants autels, conservés ou disparus, des treize premiers siècles. Nous croyons devoir y renvoyer nos lecteurs, et supprimer un assez long article où nous mentionnions un grand nombre d'autels de toutes les époques et de tous les pays, remarquables soit par leur antiquité, soit par leur mérite artistique, ou bien encore par les souvenirs historiques qui s'y rattachent. M. G. Rohault de Fleury a bien voulu nous exprimer le regret qu'une simultanéité de publication l'ait empêché de profiter du travail que nous publions dans la *Revue de l'Art chrétien*. De notre côté, nous regrettons vivement de n'avoir pu utiliser les précieux renseignements contenus dans l'œuvre éminente qui, comme dessins et texte descriptif, restera la plus complète étude qu'on puisse faire sur l'archéologie des autels.

---

1. *Homil. LXI ad pop. Antioch.*
2. Hergott, *Vet. discipl. monast.*, p. 369.

1. *Revue archéol.*, t. XXVIII, p. 88.
2. *Traité pratique de la tenue d'une sacristie*, p. 59.

## Chapitre ij. — Des autels portatifs.

NOUS avons dit que, dans la langue liturgique, on donne le nom d'*autel portatif* à la pierre sacrée que l'on encastre dans un autel non consacré, ou que l'on pose dessus. On désigne par le même nom la pierre consacrée, entourée d'un encadrement, que le prêtre *porte* en voyage et sur laquelle il dit la messe en la plaçant sur un autel non consacré ou sur un support quelconque (¹). Sa destination itinéraire lui a fait donner les noms de *altare gestatorium, itinerarium, levaticum, portatile, viaticum; lapis itinerarius, portatilis mensa ; tabula itineraria ;* on l'appelle encore *altariolum lapideum.*

Nous allons nous occuper exclusivement dans les cinq articles suivants de ces sortes de pierres d'autel : 1º antiquité et usage des autels portatifs ; 2º matière et forme des autels portatifs ; 3º des privilèges des autels portatifs ; 4º des autels portatifs de l'Orient ; 5º notes historiques et descriptives sur un certain nombre d'autels portatifs.

### Article j. — Antiquité et usage des autels portatifs.

UN grand nombre d'écrivains (2) ont prétendu que les autels portatifs ne furent pas usités avant le septième ou le huitième siècle. Nous croyons, au contraire, avec d'autres érudits (3), qu'on s'en servît dès les premiers siècles, alors qu'il n'y avait pas de lieux fixés pour l'assemblée des fidèles. La qualification de *portatif* n'apparaît, il est vrai, que tardivement, mais c'est parce que l'on ne faisait point de distinction entre ces deux genres d'autels qui ne différèrent d'abord que par leurs dimensions. Dans les catacombes, on dut souvent se contenter de poser un autel portatif sur le tombeau du saint dont on célébrait la fête. Il en fut de même quand on célébrait la messe dans les maisons particulières, dans les prisons, dans les déserts, dans les solitudes, dans les champs, etc. (¹). C'est sur des autels viatiques que Constantin et ses successeurs faisaient célébrer les saints mystères au milieu de leurs camps (²). Au cinquième siècle, il est question d'un autel portatif que saint Patrice jeta à la mer pour servir de véhicule à un pauvre lépreux qui voulait se rendre en Hibernie (³).

On pourrait nous objecter qu'au septième siècle, Théodore, archevêque de Cantorbéry, dit qu'il est permis à un prêtre de célébrer la messe en pleine campagne, pourvu qu'il y ait un prêtre ou un diacre qui tienne dans ses mains le calice ou l'hostie. Il n'aurait probablement pas indiqué ce moyen fort incommode, s'il avait eu connaissance des autels portatifs. Il ne faut point tirer une conséquence générale de ce fait isolé, mais simplement en conclure que dans le diocèse de Cantorbéry, et peut-être dans le reste de l'Angleterre, l'autel portatif était inconnu au septième siècle. Il est certain qu'il n'en était plus ainsi au siècle suivant, car le vénérable Bède nous parle de deux prêtres nommés Ewalde qui célébraient le Saint Sacrifice sur une table consacrée qu'ils portaient toujours avec eux. A la même époque, saint Vulfran, archevêque de Sens, pendant une traversée maritime, disait la messe sur un autel portatif, ayant la forme d'un bouclier, avec des reliques aux quatre coins et au milieu.

---

1. Pendant la Révolution française, la pierre sacrée est souvent devenue un véritable autel portatif, dans le sens rigoureux du mot. De 1792 à 1800, les prêtres qui distribuaient les secours de la religion dans nos villages et nos bourgades portaient constamment dans leur petit bagage une pierre consacrée. C'est sur une pierre de ce genre que l'abbé Magnin, introduit furtivement à la Conciergerie, célébra la messe dans le cachot de Marie-Antoinette.

2. J. B. Thiers, Thomassin, Van Espen, J. L. Keyser, J. Labarte, etc.

3. Gattico, de Rossi, Martigny, de Linas, etc.

---

1. Gattico, *De orat. domest.,* 2ᵉ édit., p. 37 : *De usu altar. portat.,* c. 1, nº 11.

2. Sozom., *Hist. eccles.,* l. 1, c. VIII.

3. Il est juste de faire observer que les *Actes de S. Patrice* n'ont été rédigés qu'au XIIᵉ siècle, ce qui diminue beaucoup leur autorité historique.

Un capitulaire de Charlemagne (769) est ainsi conçu : « Qu'aucun prêtre ne célèbre la messe dans un lieu qui ne serait pas consacré. En voyage même, il ne le doit faire que sous une tente et sur une pierre consacrée par l'évêque. » — « Que nul prêtre, dit Hincmar, ne dise la messe sur un autel non consacré ; si la nécessité exige qu'on célèbre, soit en attendant la consécration d'une église ou d'un autel, soit dans une chapelle qui ne mérite pas d'être consacrée, que le prêtre nous envoie, pour la consacrer, une table de marbre, d'ardoise ou d'autre pierre très convenable ; il la portera avec lui, en cas de nécessité, et pourra s'en servir pour célébrer les saints mystères selon les rites de l'Église. »

A la fin du dixième siècle, Gotefride, archevêque de Milan, envoya à Saint-Benigne de Dijon un autel d'onyx, décoré de lames d'or et d'argent. Le roi Robert laissa en mourant, à l'église Saint-Aignan d'Orléans, un autel portatif, enrichi d'or et d'argent, au milieu duquel il y avait un onyx.

Quelques évêques du onzième siècle, entre autres saint Anselme ([1]), ne se montraient point favorables à l'emploi des autels portatifs. Ils ne s'en multiplièrent pas moins aux douzième et treizième siècles; les voyages en Terre-Sainte et les croisades en accrurent la nécessité.

Ce n'est point seulement dans ces impérieuses circonstances qu'on recourait aux autels portatifs. On s'en servait dans les chapelles que leur peu d'importance avait empêché de consacrer, et aussi dans les maisons des malades et des infirmes où parfois, surtout avant le neuvième siècle, les prêtres allaient célébrer les saints mystères.

Le docteur Rock ([2]) croit que les autels portatifs n'étaient pas exclusivement destinés à remplacer l'autel fixe consacré, et qu'on les plaçait sur cet autel dans le but d'honorer davantage la sainte Eucharistie et le prélat consécrateur.

**Article ij.** — Matière et forme des autels portatifs.

LES noms de *tabula* et de *mensa* donnés très anciennement aux autels portatifs sembleraient montrer qu'ils furent d'abord en bois. Par la légèreté du poids, ils étaient plus faciles à transporter, et ce n'était point là une considération de minime importance aux époques de persécution et de pérégrinations lointaines.

L'auteur anonyme des *Miracles de saint Denys* (ch. xx) nous dit que les moines de cette abbaye, qui suivaient Charlemagne pendant la guerre contre les Saxons, « avaient une table de bois, recouverte d'un linge, laquelle tenait lieu d'autel. »

Plus tard, on employa la pierre, l'ardoise, le porphyre, le jaspe, l'albâtre, l'onyx, le serpentin, le saphir, l'ivoire, etc. On peut citer comme matières exceptionnelles la terre cuite et le cristal.

Aringhi ([1]) a signalé un autel portatif des catacombes, en terre cuite, ayant la forme d'un cippe antique, avec adjonction de deux consoles, pour soutenir deux lampes en argile. Mᵍʳ Barbier de Montault a décrit deux autels en cristal de roche, avec bordure métallique, conservés au trésor de Monza.

Un certain nombre d'inventaires mentionnent des autels portatifs en métal, mais cette désignation ne concerne probablement que l'encadrement qui entourait le bois ou la pierre. D'ailleurs, comme le fait observer Mᵍʳ Martigny ([2]), « le mot *metallum* qui se trouve fréquemment dans les divers ordres liturgiques est vague et désigne ordinairement la pierre, *lapideum metallum*, comme on lit dans la formule de consécration de l'autel portatif du *Pontifical romain.* »

L'autel portatif dut consister d'abord dans une simple plaque de bois ou de pierre polie dénuée d'ornements accessoires. Plus tard, on l'encastra dans un châssis métallique. En général, c'est un parallélogramme rectangle

1. *Epist.* 159, l. III,
2. *The church of our fathers*, t. I.

1. T. I, p. 319.
2. *Dict.*, vᵒ *Autels portatifs.*

enchâssé dans une bordure de cuivre ou d'argent ciselé, doré, niellé, émaillé, ou bien dans un ais en chêne garni d'or ou d'argent, décoré d'émaux, de nielles et de pierres précieuses. Il y en a eu, mais rarement, de triangulaires, d'elliptiques et de circulaires. On distingue deux types principaux : celui d'un coffret, en forme d'autel, supporté par des pieds, celui d'une simple tablette, munie quelquefois d'une poignée. Dans le premier cas, il peut y avoir sous la pierre consacrée des reliques assez considérables ; dans le second, il n'y a place que pour des parcelles qui sont enchâssées dans la garniture ou bien sous la pierre dans de petites cavités couvertes de cristal. Guillaume Durand nous apprend ([1]) qu'il n'y avait pas obligation de mettre des reliques dans un autel portatif, et, en effet, parmi ceux qui nous restent, on en voit où aucune place n'a été ménagée à cet effet.

La dimension de ces meubles sacrés a dû varier selon leur destination. Pour les oratoires domestiques et les chapelles, on dut choisir une forme exiguë, et de plus grandes proportions quand on devait consacrer pour de nombreux fidèles, car alors il fallait une place suffisante pour les oblations sous les deux espèces.

L'autel coffret en porphyre, garni d'or, que Charles le Chauve donna à l'abbaye de Saint-Denis, avait quatre pieds de large et contenait trois bras de saints ([2]).

Les scènes le plus fréquemment représentées sur les encadrements sont : le sacrifice d'Abel, ceux de Melchisédec et d'Abraham, les fleuves du paradis terrestre, l'Agneau divin, les animaux évangélistiques, les scènes de la vie du Sauveur, les douze apôtres, etc.

On voit souvent des inscriptions sur les bordures en métal. Les auteurs du *Voyage littéraire* ([3]) ont lu les vers suivants sur un autel portatif (1187) conservé à l'abbaye de Saint-Laurent, à Liège :

*Hic datvr ipse* JESVS *animarvm potvs et esvs*
*Haec tibi sit cara, cvi caro fit Crvcis ara.*

Sur un autel portatif consacré par l'évêque Roger de Champagne (996-1023) et qui fut longtemps conservé au trésor de la cathédrale de Beauvais, on lisait : *Primvm. crvci. presvl. locvm. sanxi. Mariæ. postervm. Rotgervs. tercivm. petro. qvartvm. dedi. lvciano* ([1]).

L'inscription suivante se lit sur un ancien autel portatif découvert dans un autel en maçonnerie de Moutiers (Deux-Sèvres) : *Hec magna sci Rufini confessor* ([2]).

Les autels portatifs étaient renfermés dans des coffrets en bois ou dans des étuis de cuir estampé, garnis de courroies et de fermoirs. On croit que le coffre du Cid conservé à la cathédrale de Burgos, était destiné à contenir l'autel portatif qui suivait le héros espagnol dans ses campagnes contre les Arabes.

## Article iij. — Des privilèges d'autel portatif.

AU treizième siècle et surtout au quatorzième, l'ancien droit commun des autels portatifs devint un privilège. Pour mettre fin à des abus qui se multipliaient, le Saint-Siège n'accorda de concessions de ce genre que pour des motifs spéciaux. Il concéda ce privilège tantôt à des souverains, comme Charles le Bel, Philippe le Bel, Philippe VI ; tantôt à des malades qui ne pouvaient se rendre à l'église, tantôt à des congrégations qui se livraient au ministère des missions ; tantôt aux évêques voyageant hors de leur diocèse. En ce dernier cas, on trouvait que les prélats, en disant la messe dans des églises étrangères, pourraient paraître empiéter sur la juridiction de l'Ordinaire. C'est la raison qui détermina Boniface VII à permettre à tous les évêques d'avoir un autel portatif dont ils pourraient se servir hors de leur diocèse, n'importe en quel lieu, pour y célébrer ou y faire célébrer les saints mystères.

Le privilège de l'autel portatif fut concé-

---

1. *Ration.* l. 1, c. VII, n. 23.
2. Martène, *De ant. eccl. rit.*, l. II, c. XVII.
3. T. II, p. 190.

1. *Mém. de la Soc. acad. de l'Oise*, t. II, p. 432.
2. M. Ledain (*Bull. de la Soc. des Antiq. de l'Ouest*, 1881, p. 280) croit que *Magna* est ici pour *Manna* et signifie *la manne*, la sainte poussière de saint Rufin.

dé aux Franciscains par Honoré III, aux Dominicains par Grégoire IX, aux Carmes par Clément IV, aux Servites par Innocent VIII, aux Minimes par Jules II.

Le concile de Trente maintint ce privilège pour les évêques, mais l'abolit pour les religieux. Depuis il a été accordé par Sixte V, en 1559, aux chevaliers de Saint-Jean de Jérusalem ; par Pie IV, en 1564, aux chanoines de Latran ; par Grégoire XIII, en 1579, aux Jésuites ; en 1580, aux Dominicains de Pologne, etc.

Il serait superflu d'ajouter que, très souvent, les missionnaires des pays infidèles ne peuvent célébrer que sur la pierre consacrée qu'ils emportent dans leurs voyages.

**Article iv.** — Des autels portatifs d'Orient.

EN Orient, les chrétiens qui se trouvaient exposés aux invasions des Musulmans se sont souvent contentés d'autels portatifs qu'ils plaçaient sur une table de bois. Mais ces pierres offrant quelques difficultés de transport ont été généralement remplacées par des nappes consacrées, nommées *antimensia*, dont nous avons parlé précédemment. Manuel Charitopule (¹) enseigne que les ἀντιμήνσια ne peuvent pas être placés sur des autels consacrés, mais seulement sur des autels non consacrés ou dont la consécration est douteuse.

Les Éthiopiens ont des autels portatifs qu'ils appellent *tabou* (arche), parce qu'ils sont modelés sur leur prétendue arche de l'ancien Testament qui, selon eux, fut apportée en Éthiopie, lorsque le fils de Salomon et de la reine de Saba fit un voyage à Jérusalem. Si l'empereur d'Éthiopie est en voyage, il est accompagné d'une tente pour improviser une chapelle ; quatre prêtres portent un *tabou* sur leurs épaules ; ils sont précédés de leurs clercs, l'un portant la croix et l'encensoir, l'autre une sonnette qu'il agite. Tous les cavaliers qu'on rencontre mettent pied à terre en signe de vénération (¹).

**Article v.** — Notes historiques et descriptives sur un certain nombre d'autels portatifs.

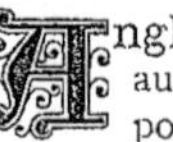ngleterre. — L'un des plus beaux autels portatifs connus est celui que possède M. le chanoine Rock et qui a été publié dans les *Annales archéologiques*.

« La longueur de la pierre, y lisons-nous (²), est de 23 centimètres. Cette pierre est en jaspe oriental d'une couleur purpurine mêlée de vert. Elle est enfoncée dans un morceau de chêne, mais le bois est entièrement plaqué d'argent. Le tout porte sur quatre pieds d'argent également. Ces plaques sont dessinées dans un style d'une pureté et d'une élégance rares... Aux quatre points cardinaux sont les quatre éléments : le Feu qui tient deux flambeaux allumés, l'Eau qui porte deux urnes, l'Air qui montre un oiseau et peut-être un nid, la Terre qui tient des fleurs dans une main et des fruits dans l'autre. Au centre, l'Esprit de Dieu sous la forme d'une colombe, au nimbe crucifère, tenant la double croix de l'étendard de la Résurrection, repose sur un petit monument qui pourrait figurer l'Église ; puis l'Agneau de Dieu, au nimbe crucifère, tenant la double croix de l'étendard de la Résurrection et versant dans un calice son sang divin. L'Agneau est escorté de l'archange Gabriel qui tient le sceptre, et de l'archange Michel qui porte le globe du monde surmonté de la croix à double traverse. »

**Bamberg.** — L'autel portatif donné par l'empereur Henri II à la cathédrale est en bois de chêne recouvert de plaques de cuivre doré, enrichies d'émaux et de figures gravées sur métal. Celles du pourtour, niellées d'un émail foncé, représentent le Christ, la Vierge et les douze apôtres. Quatorze figures de Séraphins et de Chérubins en émail

---

1. Lib. III *Juris Orient.*

1. Alvarez, *Hist. d'Éthiopie*, ch. XI, n. 3.
2. Tome XII, p. 115.

champlevé sont accompagnées de cette inscription : ☩ *Cherubin. quoque. et. Serafin. sanctus. proclamant. et. omnis. celicus ordo. dicens. te. decet. laus. et. honor. Domine.*

**Besançon.** (Cathédrale de). — On considère comme un autel portatif un disque en marbre blanc enchâssé dans la muraille, au fond du chœur.

**Brunswick.** — Il y a quatorze autels portatifs au trésor du roi de Hanovre, la plupart du douzième siècle et enrichis d'émaux champlevés.

**Cologne.** — A Sainte-Marie du Capitole, petit autel en serpentine, encadré d'émaux et de figures (XIIᵉ s.) et dont les bandes offrent sur fond d'or, l'inscription suivante en émail bleu :

*Quidquid in altari punctatur spirituali*
*Illud in altari completur materiali ;*
*Ara crucis, tumuli calix lapidisque patena,*
*Sindonis officium candida bissus habet* (¹).

**Conques** (Aveyron). — Autel en albâtre oriental, du douzième siècle, richement enchâssé. Le premier encadrement se compose d'oves granulés, le second de médaillons avec figures en émaux cloisonnés représentant le buste de Notre-Seigneur, l'Agneau divin, les quatre animaux évangélistiques, sainte Foy, sainte Marie et deux saints nimbés. — Autre autel dit *le Bégon*, en porphyre rouge, garni de plaques d'argent où sont gravées et niellées, sur fond d'or pointillé, les figures de Jésus, de Marie, des douze apôtres, de saint Luc, de saint Marc, de saint Étienne, de sainte Cécile, de saint Caprais, de saint Vincent et de sainte Foy, patronne de l'ancienne abbaye. Ce beau meuble liturgique date de l'an 1100 comme l'indique l'inscription suivante :

*Anno ab incarnatione Domini millesimo C sexto Kl ivlii domnvs Pontivs Barbastrensis episcopus et sancte fidis virginis monachvs hoc altare begonis abbatis dedicavit et de ☩ Xpi et sepvlcro eivs mvltasqve alias sanctas reliqvias hic reposvit.*

---

1. Bock, *Les Trésors sacrés de Cologne*, p. 136.

**Gzenstochowa** (Pologne). — Autel portatif en chêne et argent, daté de 1624, d'un travail exquis. Une tradition populaire erronée l'attribue à saint Casimir, prince royal de Pologne.

**Darmstadt.** — Au Musée, trois autels du douzième siècle, l'un en vert antique, l'autre en porphyre rouge, le troisième en ivoire. Les faces de ce dernier sont décorées de neuf figurines en haut-relief représentant le Christ, la Vierge et divers saints.

**Faye-l'Abbesse** (Deux-Sèvres). — Fragments d'un autel portatif en marbre qui, d'après la tradition, aurait appartenu à saint Hilaire.

**Grenade.** — A la cathédrale, autel que transportaient en voyage Isabelle-la-Catholique et Ferdinand. On y voit des peintures de Lucas Borromée. Au musée, autel composé de six émaux de Limoges qu'on attribue à Jean Penicaud l'Ancien. Cette œuvre admirable provient du couvent de San-Geronimo où fut enterré Gonzalve de Cordoue.

**Maëstricht.** — A l'église Saint-Servais, autel portatif très antique, en porphyre vert, encadré d'argent estampé. D'après la tradition, il aurait appartenu à l'évêque saint Servais.

**Metz.** — Au trésor de la cathédrale, autel portatif du treizième siècle, formé d'une plaque d'agate cornalinée, enchâssée dans une tablette de 0ᵐ35. Sur les lames de cuivre argenté qui garnissent les côtés, sont estampés des sirènes, des grues et des hommes qui dansen .

**Namur.** — A la cathédrale, coffret rectangulaire porté sur des pieds de lion. La pierre sacrée est une agate rayonnée, encadrée dans une bordure de cuivre. Les dix-huit plaques des côtés, en dent de morse, représentent des sujets qui sont surtout relatifs aux miracles de Jésus-Christ. C'est une œuvre du neuvième ou dixième siècle, selon les uns, du onzième ou du douzième, selon les autres.

**Paris.** — Au Louvre, autel portatif du treizième siècle, provenant de la collection

Soltikoff. C'est une plaque de marbre lumachelle entourée d'un encadrement de cuivre doré, décoré de deux bas-reliefs en ivoire (la crucifixion, la sainte Vierge entre deux évêques), de deux plaques de cristal de roche recouvrant deux miniatures, et de gravures représentant les animaux évangélistiques, saint Pierre, saint André, saint Étienne et saint Laurent.

**Rome.** — A Sainte-Marie du Portique, autel portatif qui, d'après la tradition, aurait servi à saint Grégoire de Nazianze.

**Saintes-Maries** (Bouches-du-Rhône). — Son église possède une plaque de marbre de 0$^m$18 de large sur 0$^m$36 de longueur, sur laquelle est gravée, en caractères du neuvième siècle, l'inscription suivante :

✠ ALTARE SCI SALVATORIS.

**Sileberg** (Prusse). — Au trésor de l'abbaye, deux autels du douzième siècle, l'un en vert antique, l'autre en porphyre rouge garni d'émaux champlevés.

**Trèves.** — A la cathédrale, autel de Saint-André en jaspe oriental, enfoncé dans un morceau de chêne plaqué d'argent niellé. C'est un ancien reliquaire que fit exécuter, au sixième siècle, l'archevêque Egbert et qui, vers le onzième siècle, fut métamorphosé en autel portatif. On y lit cette inscription : *Hoc altare consecratv* (m) *est in honore sci Andreae ap* (osto) *l* (i). Il est richement décoré d'émaux, de filigranes, d'émeraudes, de saphirs, d'opales, de plaques métalliques, etc. Parmi les sujets figurés, on remarque un lion, une biche, les animaux évangélistiques, des léopards, des griffons, un lièvre, un hippocampe, etc. (¹). — A l'église Saint-Laurent, autel du douzième siècle, avec des parties du huitième.

Si nous n'étions pas obligé de nous renfermer dans certaines limites, nous aurions pu ajouter quelques notes sur d'autres autels portatifs conservés au couvent d'**Admont**, en Styrie (quatorzième siècle), au Kunstkammer de **Berlin** (onzième siècle), à la cathédrale de **Berne**, au musée royal d'antiquités de **Bruxelles**, au palais de l'**Escurial**, à la cathédrale de **Durham** (Angleterre), à **Gladbach** (Prusse), à Saint-Jean de **Lyon**, à l'abbaye de **Melk** (Autriche), au couvent des Sœurs de Notre-Dame de **Namur**, aux cathédrales de **Paderborn** (onzième siècle), d'**Osnabruck** (onzième siècle) et de **Tongres** (treizième siècle), à Saint-Étienne de **Troyes**, à **Xanten** (Prusse), etc.

L'abbé J. CORBLET,

1. Voir une longue et savante description de ce curieux monument par M. de Linas, dans la *Revue de l'Art Chrétien*, 11ᵉ série, t. XIX, p. 74.

www.ingramcontent.com/pod-product-compliance
Ingram Content Group UK Ltd.
Pitfield, Milton Keynes, MK11 3LW, UK
UKHW020024100726
13658UKWH00003B/1094